•*Projeto Impresso* •

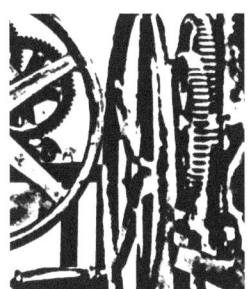

Projeto Impresso π

Coordenação: Angela Rolim
Projeto Gráfico: Silvana Soriano
Revisão: Marília Pessoa

Ano I Número 1 Dezembro 2020
Edição Projeto Impresso
Uma publicação quase quadrimestral
do Ateliê Projeto Impresso
Rua Engo Pena Chaves 6 casa 9
Jardim Botânico, RJ Brasil
Arte Contemporânea: Gravura, Múltiplos, Fotogravura, Fotografia.

Todos os direitos desta edição reservados
ao Ateliê Projeto Impresso
©Projeto Impresso
ISBN 9798585466878

Projeto Impresso π

Coordenation: Angela Rolim
Graphic Design: Silvana Soriano
Revision: Marília Pessoa

Year I Number 1 December 2020
Edition Projeto Impresso
Publication almost quarterly
of Atelier Projeto Impresso
Rua Engo Pena Chaves 6 casa 9
Jardim Botânico, RJ Brazil
Contemporary Art: Printmaking, Multiple, Photogravure, Photography.

All rights reserved to
Atelier Projeto Impresso
©Projeto Impresso
ISBN 9798585466878

Sumário/ Content

Editorial — 4

Bia Sasso — 6

Marcia Rommes — 12

Ethel Presser — 18

Zula — 24

Leonor Bécourt — 30

Angela Rolim — 36

Nestor Goyanes — 42

Teresa Stengel — 48

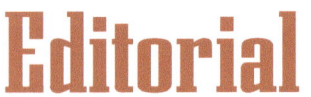

Projeto Impresso

Expanding the Network

Keeping the seductive task of Velazquez, Projeto Impresso publishes virtually one more edition of Gravura em Revista.

Believing in the digital format as a place of permanence and printmaking production, from this edition onwards we will establish dialogues with the works of other printmakers. We are partnering with enthusiasm and creativity with so many other freedom exercises present in our studio.

In order to record a significant panorama of the printmaking today and to agree on ideas in its different languages, four members of the Projeto Impresso were selected, each of whom invited an artist.
Marcia Rommes brought Bia Sasso, from Rio de Janeiro; Zula invited Ethel Presser, from Santiago de Chile; Teresa Stengel chose Nestor Goyanes, from Buenos Aires and Angela Rolim selected Leonor Décourt, from São Paulo.

This interaction will help us to create a script with meaning, interest, and complicity.
Keeping pages of printmaking open is our gesture.

Projeto Impresso
December, 2020

Projeto Impresso

Ampliando a Rede

Mantendo a tarefa sedutora de Velazquez, o Ateliê Projeto Impresso publica virtualmente mais uma edição de Gravura em Revista.

Acreditando no formato digital como um lugar de permanência e produção de gravura, a partir desta edição estabeleceremos diálogos com trabalhos de outros gravadores. Faremos parcerias de entusiasmo e criatividade junto a tantos outros exercícios de liberdade presentes em nosso ateliê.

Para registrar um panorama significativo da gravura hoje e pactuar ideias em suas diversas linguagens, foram sorteados quatro integrantes do Projeto Impresso que convidaram, cada um deles, um artista.
Marcia Rommes trouxe Bia Sasso, do Rio de Janeiro; Zula convidou Ethel Presser, de Santiago do Chile; O artista escolhido por Teresa Stengel foi Nestor Goyanes, de Buenos Aires e Angela Rolim apresenta Leonor Décourt, de São Paulo.

Esse convívio nos ajudará na fruição de um roteiro com significado, interesse e cumplicidade. Manter abertas páginas da gravura é nosso gesto.

Projeto Impresso
Dezembro de 2020

Bia Sasso

I invited to take part in the second edition of Gravura em Revista from Projeto Impresso the visual artist, photographer, and printmaker Bia Sasso. Her techniques with photoprinting and photo montage interest me as an artist and are part of my research and development of works.

Marcia Rommes

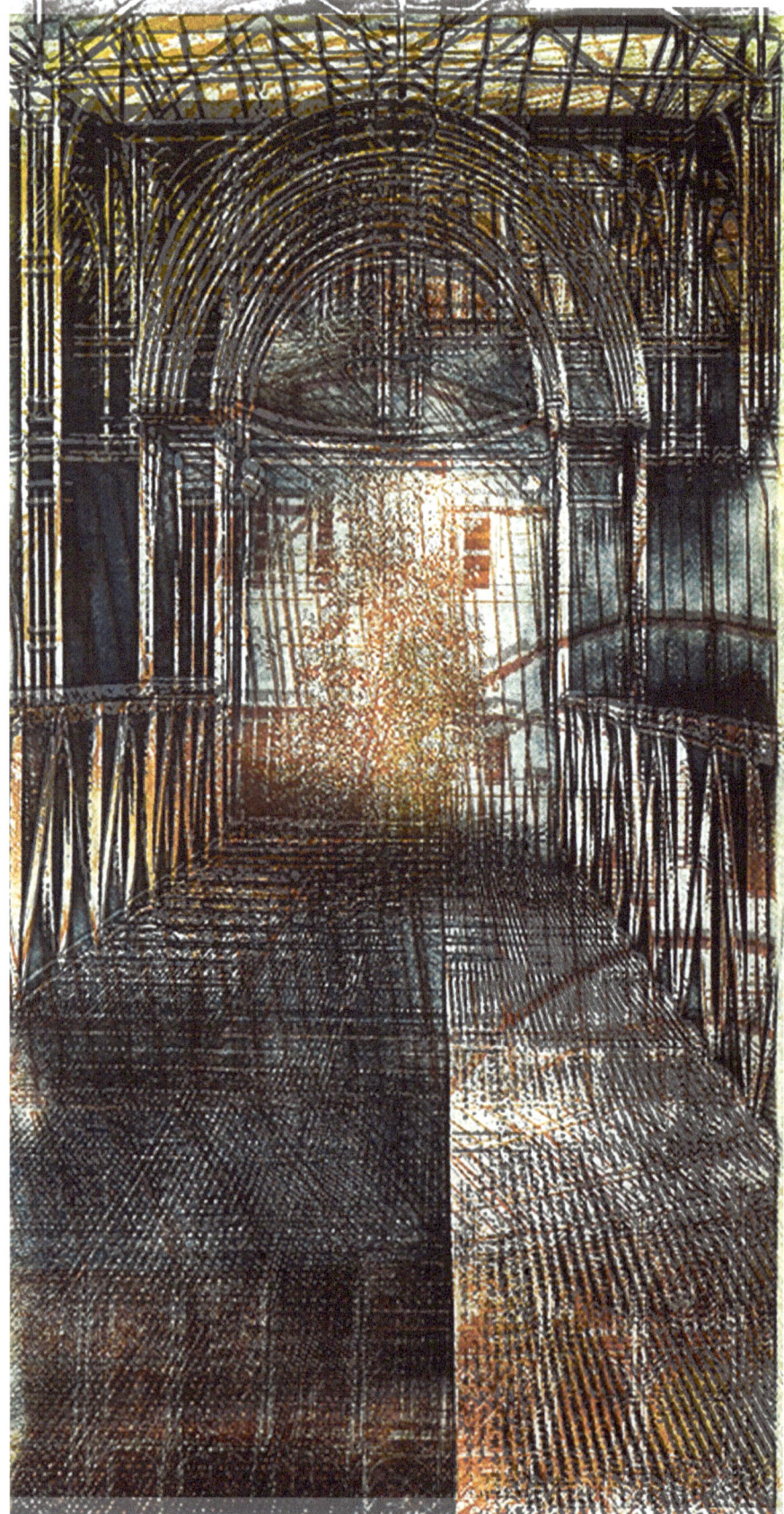

A Casa - série Ópera do Arame
Fotogravura
Photoetching
60 x 30 cm
2010

· *Projeto Impresso* ·

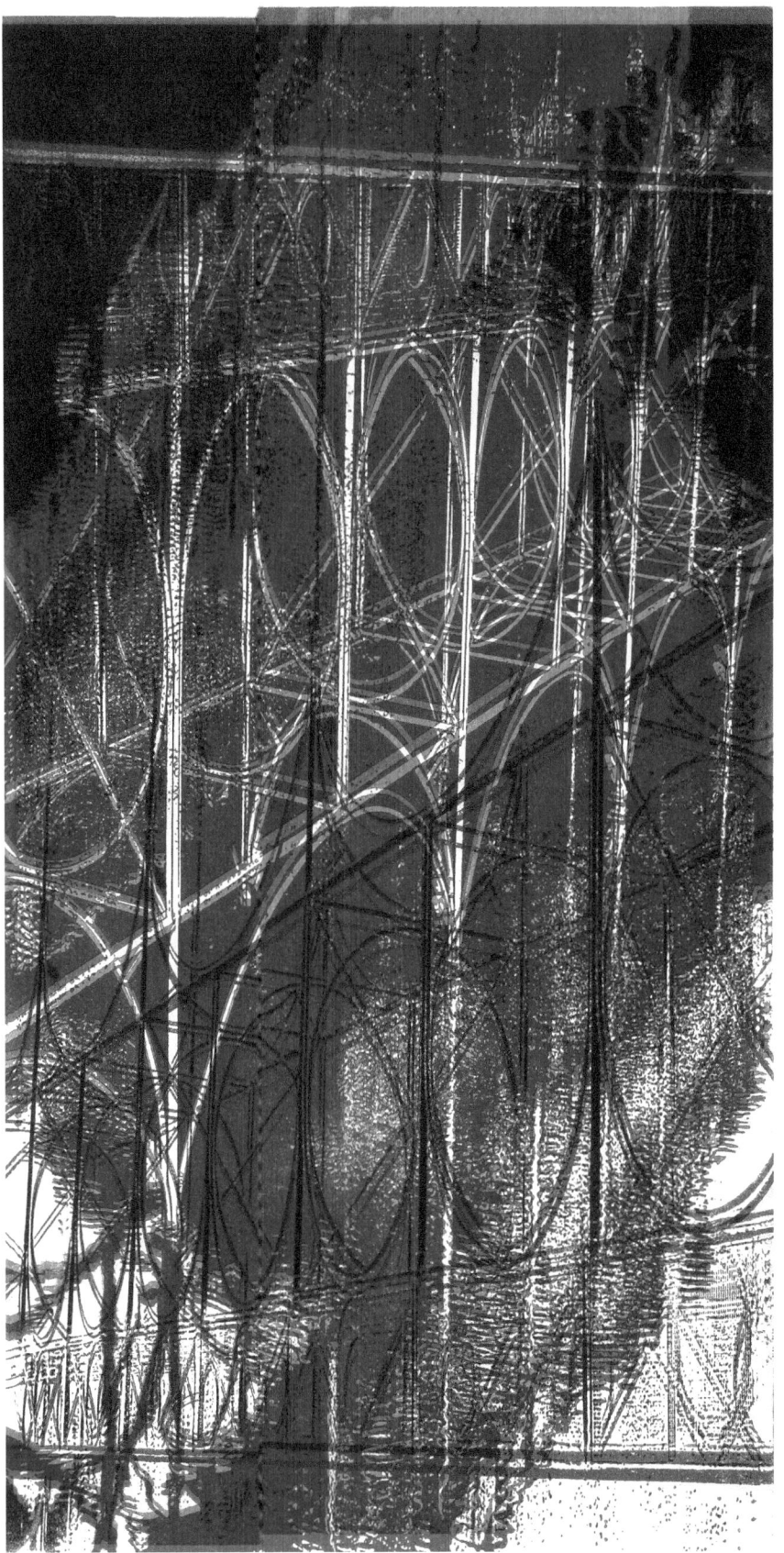

Convidei para fazer parte da segunda edição de Gravura em Revista do Ateliê Projeto Impresso, a artista visual, fotógrafa e gravadora Bia Sasso. As formas por ela utilizadas de fotogravura e fotomontagem me interessam como artista e fazem parte do meu universo de pesquisa e desenvolvimento de trabalhos.

Marcia Rommes

A Ponte - série Ópera de Arame
Fotogravura
Photoetching
80 X 30 cm
2010

Bia Sasso

•*Projeto Impresso*•

Photoetching and Photomontage

It is a privilege to be part of the second edition of Gravura em Revista! Projeto Impresso showcases Brazilian engraving and art in general.

The works presented here were created between 1990 to 2020.

In photoetching the photograph is transferred to the copper or brass plates where the image is engraved using both etching techniques and tools.

In the Ópera do Arame series, each photoetching required the use of two plates; adding colors. In other etchings the pochoir is used to include color.

The photomontages are produced with digital tools, enabling creation of images by superimposing photographs using a layering technique. The result is printed with ink jet on Fine Art papers.

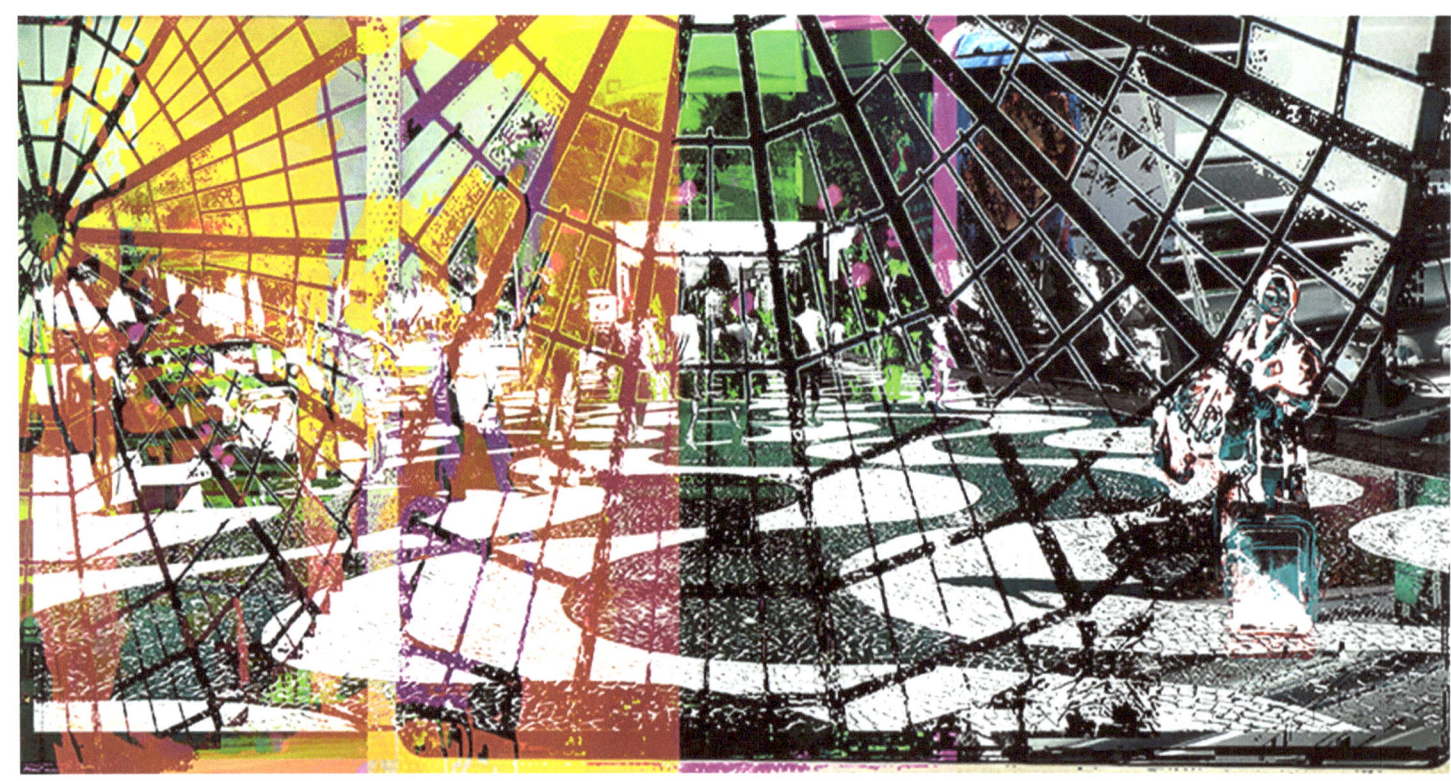

Calçadão
 Fotomontagem
Photomontage
34x47 cm
2015

Fotogravura e Fotomontagem

É um privilégio fazer parte da segunda edição de Gravura em Revista!

O Projeto Impresso enriquece a gravura brasileira e a arte em geral.

Os trabalhos que aparecem aqui são dos anos 1990/2020.

Na fotogravura a fotografia é transferida para chapas de cobre ou latão onde a imagem é gravada com as técnicas e ferramentas da gravura em metal.

Na série Ópera de Arame, são usadas duas placas para cada impressão possibilitando trabalhar as cores. Nas outras gravuras é utilizada a técnica do pochoir para intervir com a cor.

As Fotomontagens são feitas em ferramentas digitais, que propiciam o trabalho com camadas e sobreposições de imagens e são impressas com jato de tinta em papéis Fine Art.

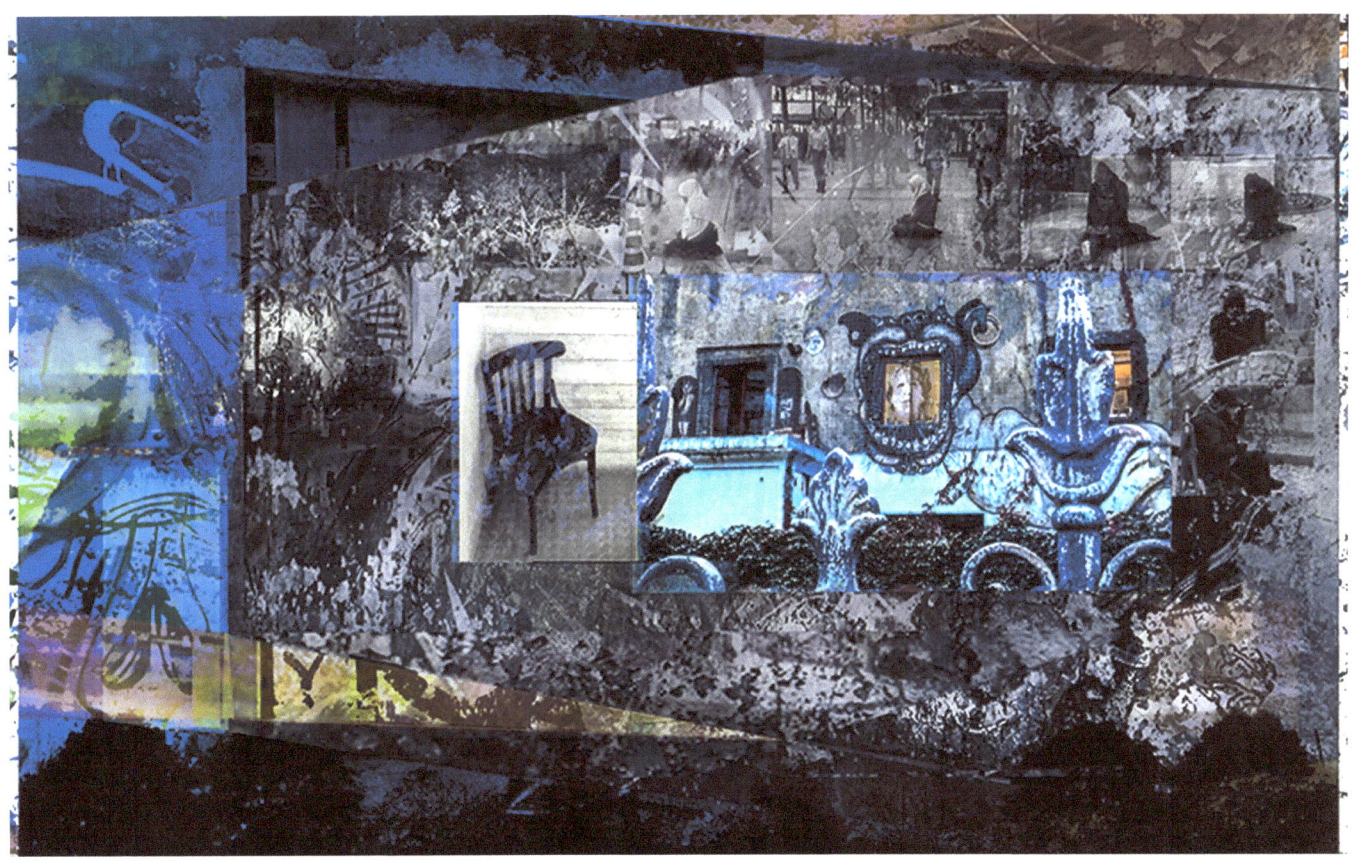

Autorretrato
Fotomontagem
Photomontage
28,5 x 44 cm
2020

Bia Sasso

Projeto Impresso

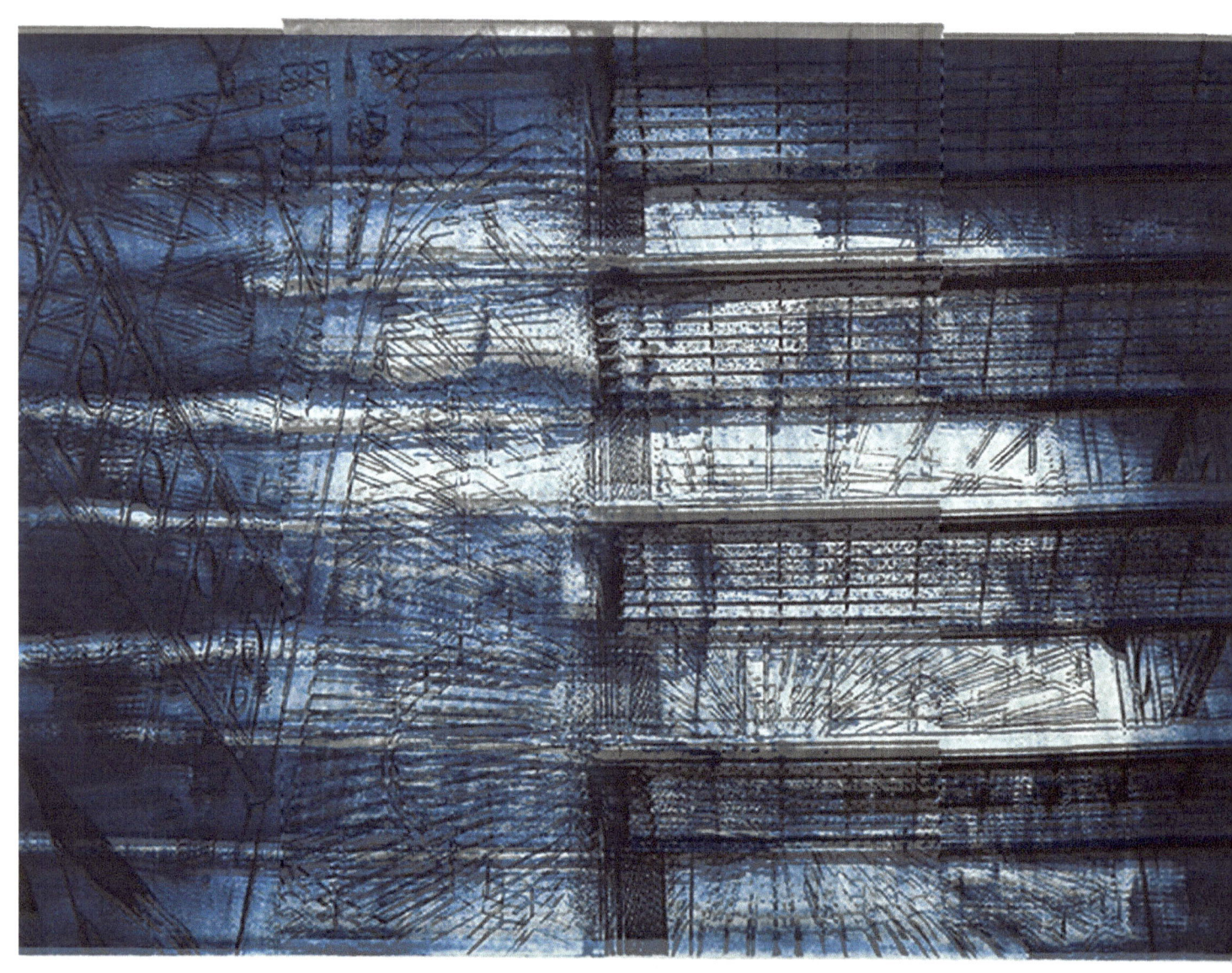

Escada
Fotogravura
Photoetching
30x60 cm
2010

·Projeto Impresso·

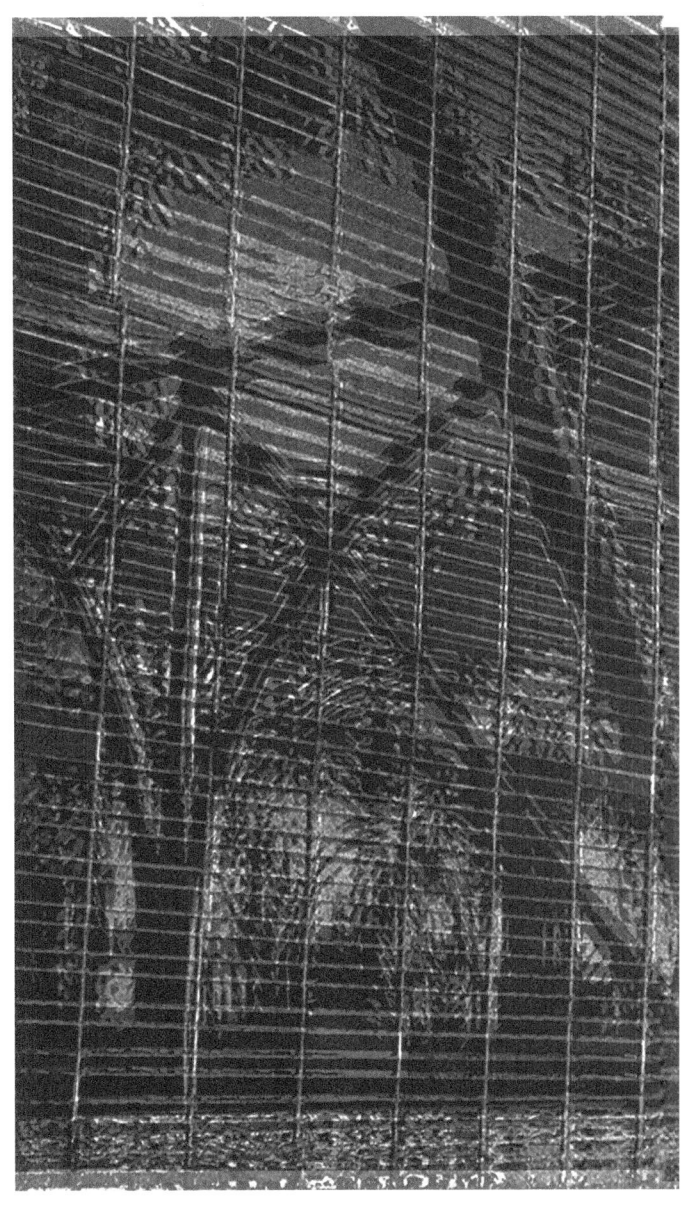

Reflexos – série Ópera do Arame
Fotogravura
Photoetching
22 x 14 cm
2010

Marcia Rommes

•Projeto Impresso•

Scale 0:2020

Using the technique of photography, monotype, collage, and an image editor, landscapes of remote lands were manipulated and recorded with the resources available in the improvised home studio.
All the prints in this series were created in social isolation between June and September 2020. In each work, a forged story overflows by the gaps left in the white of the paper or by the clipping of colored papers. The overlays of the images dialogue with each other and with the whole.
The image of the stamped or manipulated bridge is in the series of engravings entitled Scale 0: 2020, as a record of the possible connections recognized in the individual and collective imagination of this period.

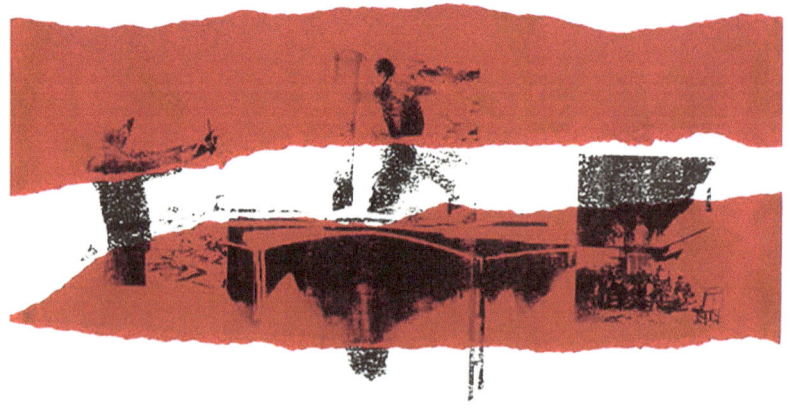

Escala 1: 2020
Pontes que Somos
20 X 30 cm
Monotipia e Colagem
Monotype and collage

Projeto Impresso

Escala 0:2020

Com o uso da técnica da fotografia, da monotipia, da colagem, e de um editor de imagem, paisagens de origens remotas foram manipuladas e gravadas com os recursos disponíveis no ateliê improvisado em casa. Todas as gravuras desta série foram criadas durante o isolamento social entre junho e setembro de 2020. Em cada obra, uma historia forjada transborda pelas lacunas deixadas pelo branco do papel ou pelo recorte dos papéis coloridos. As sobreposições das imagens dialogam entre si e com o todo.

A imagem da ponte carimbada ou manipulada está na série de gravuras intitulada Escala 0:2020, como registro das possíveis conexões reconhecidas no imaginário individual e coletivo deste período.

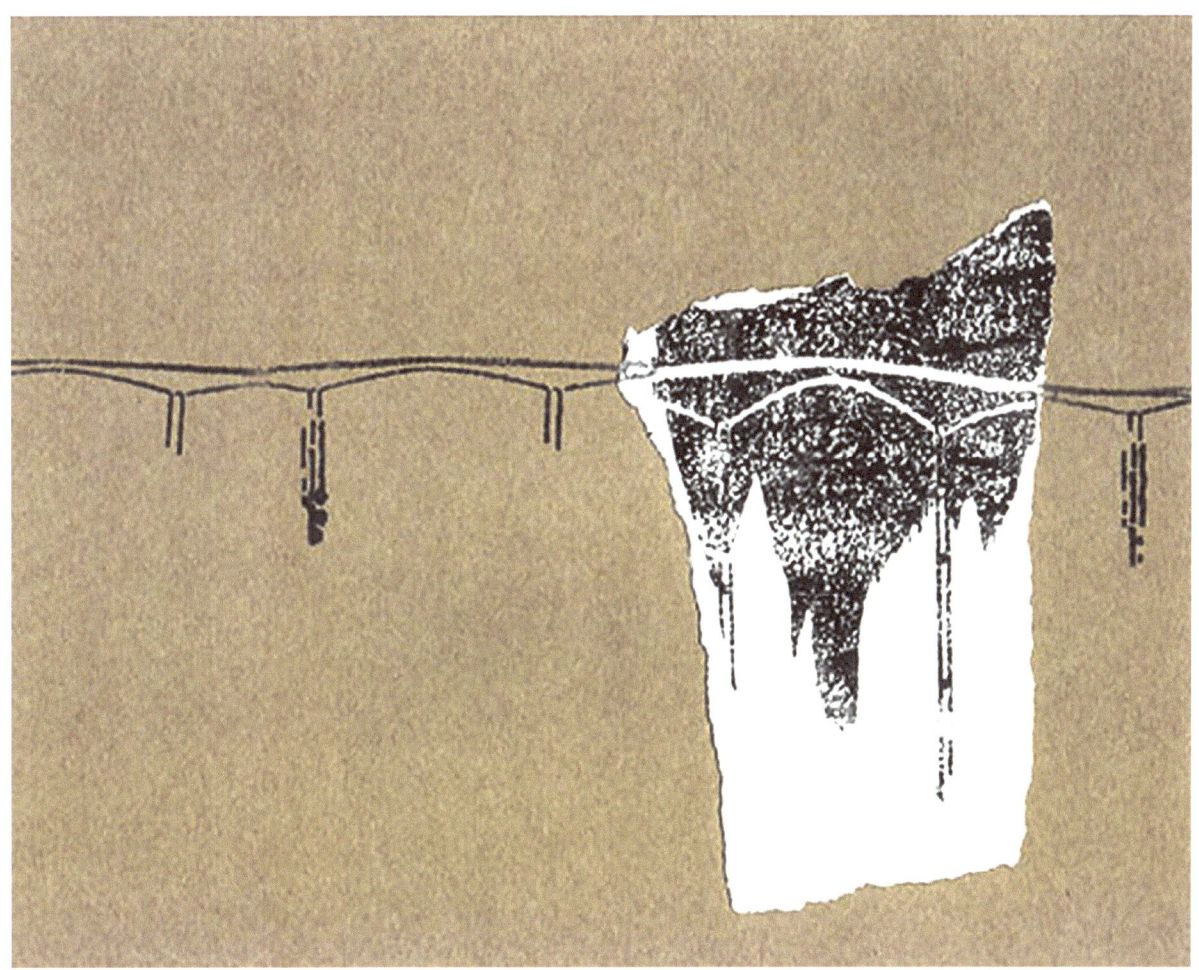

Escala 2 2020
Pontes que Conectam Atos
20 X 30 cm
Carimbo e Colagem
Stamp and collage

Marcia Rommes

Projeto Impresso

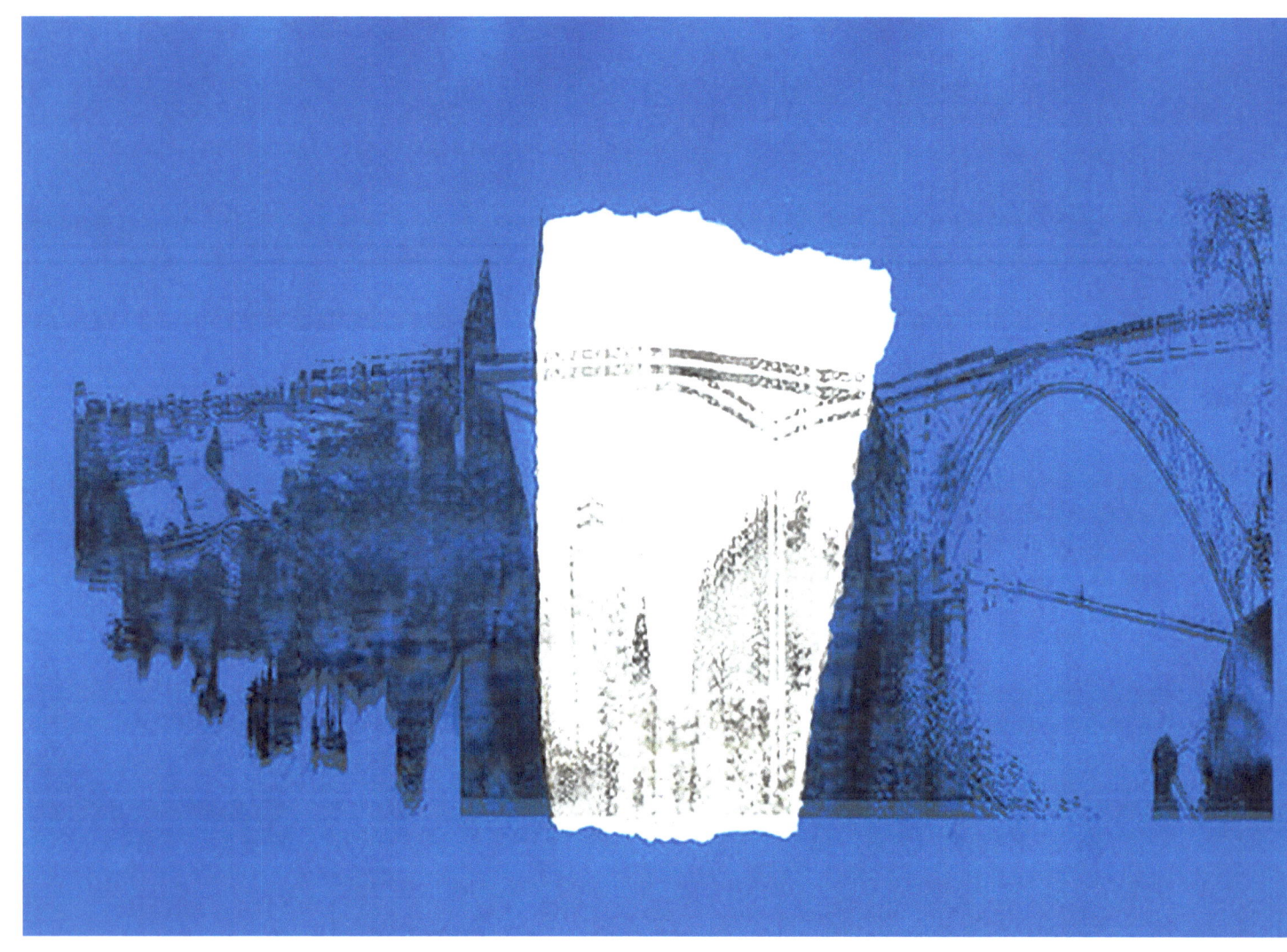

Escala 5:2020
Pontes que sejam partes
20 X 30 cm
Monotipia e Fotomontagem
Monotype and Photomontage

· Projeto Impresso ·
· Projeto Impresso ·

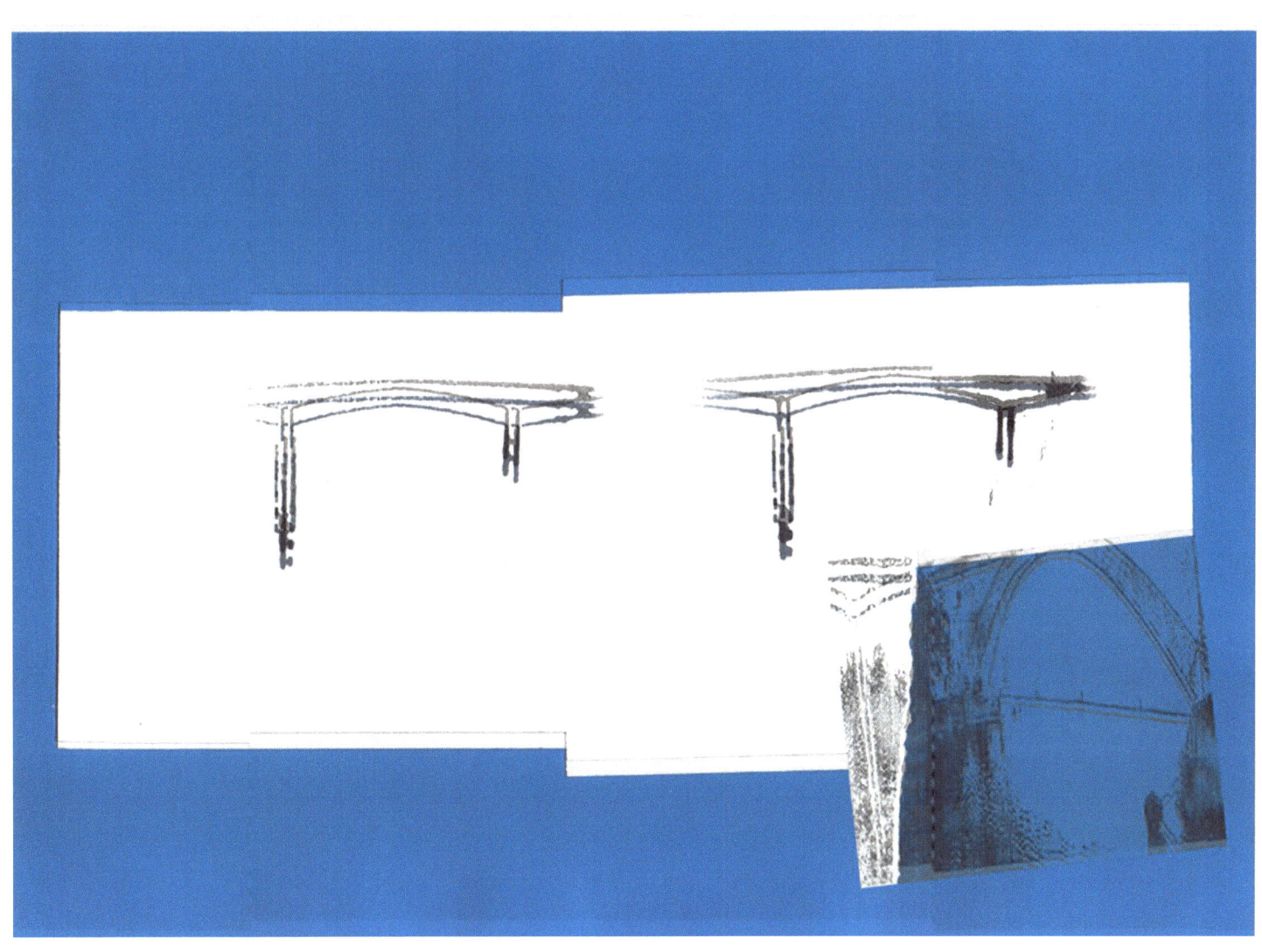

Escala 6:3030
Escala 8:2020
Pontes que tranpõem obstáculos
Pontes que tranpõem obstáculos
20 X 30 cm
20 X 30 cm
Impressão Digital e Colagem
Impressão Digital e Colagem
Digital Print and Collage
Digital Print and Collage

Marcia Rommes

·*Projeto Impresso*·

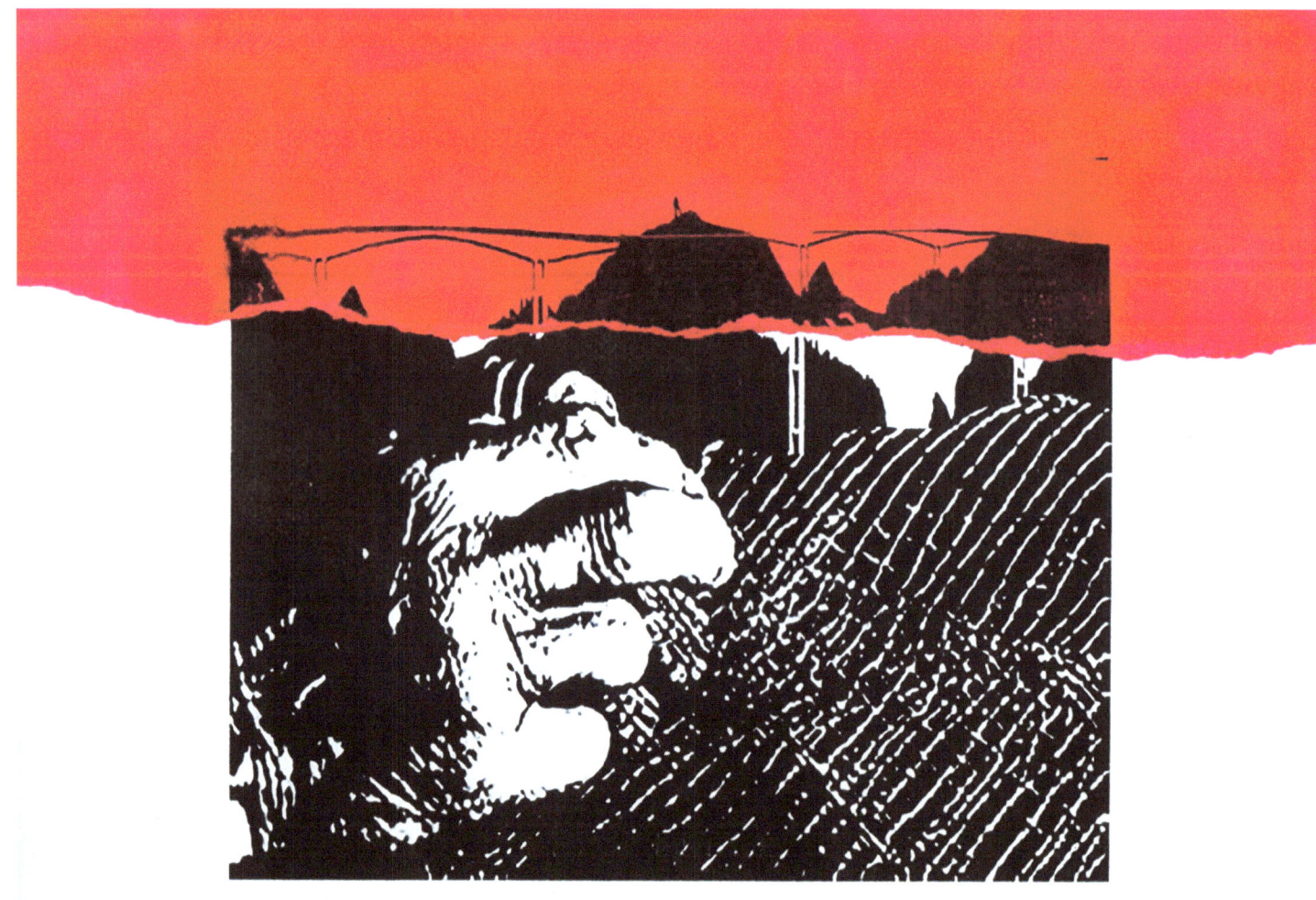

Escala 8:2020
20 x 30 cm
Monotipia, Carimbo e Colagem
Monotype, Stamp and Collage

Projeto Impresso

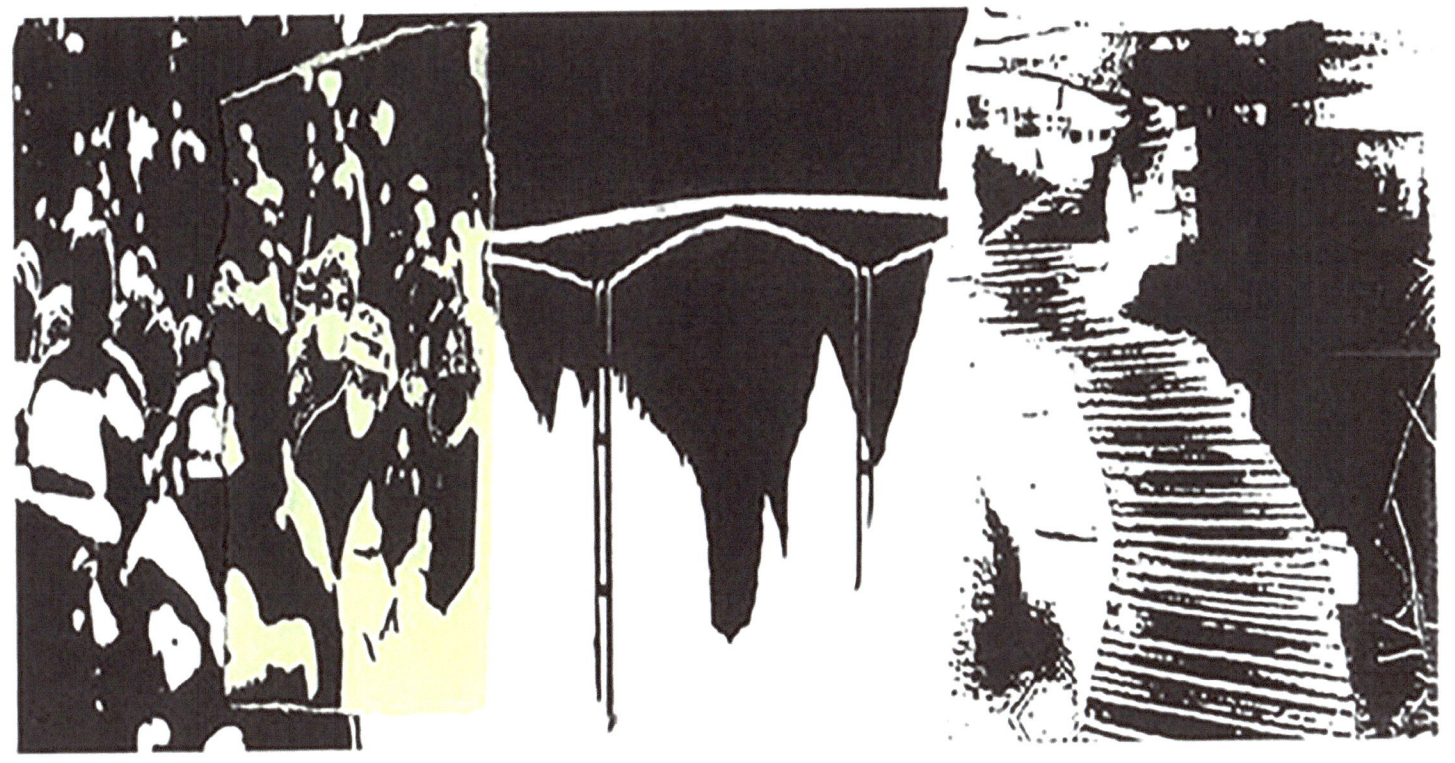

Escala 3: 2020
20 x 30 cm
Monotipia e Colagem
Monotype and Collage

Ethel Presser

•*Projeto Impresso*•

When I learned that I would have the opportunity to choose a printmaker to participate in the second issue of Gravura em Revista, several special people came to mind, who contributed a lot to my improvement as a printmaker. Of these, I chose Ethel Presser who – besides showing me a very striking and rich engraving, partly for its different cultural background, and for its cheerful and creative presence – added a lot to our afternoons of work and exchanges of knowledge.

Zula

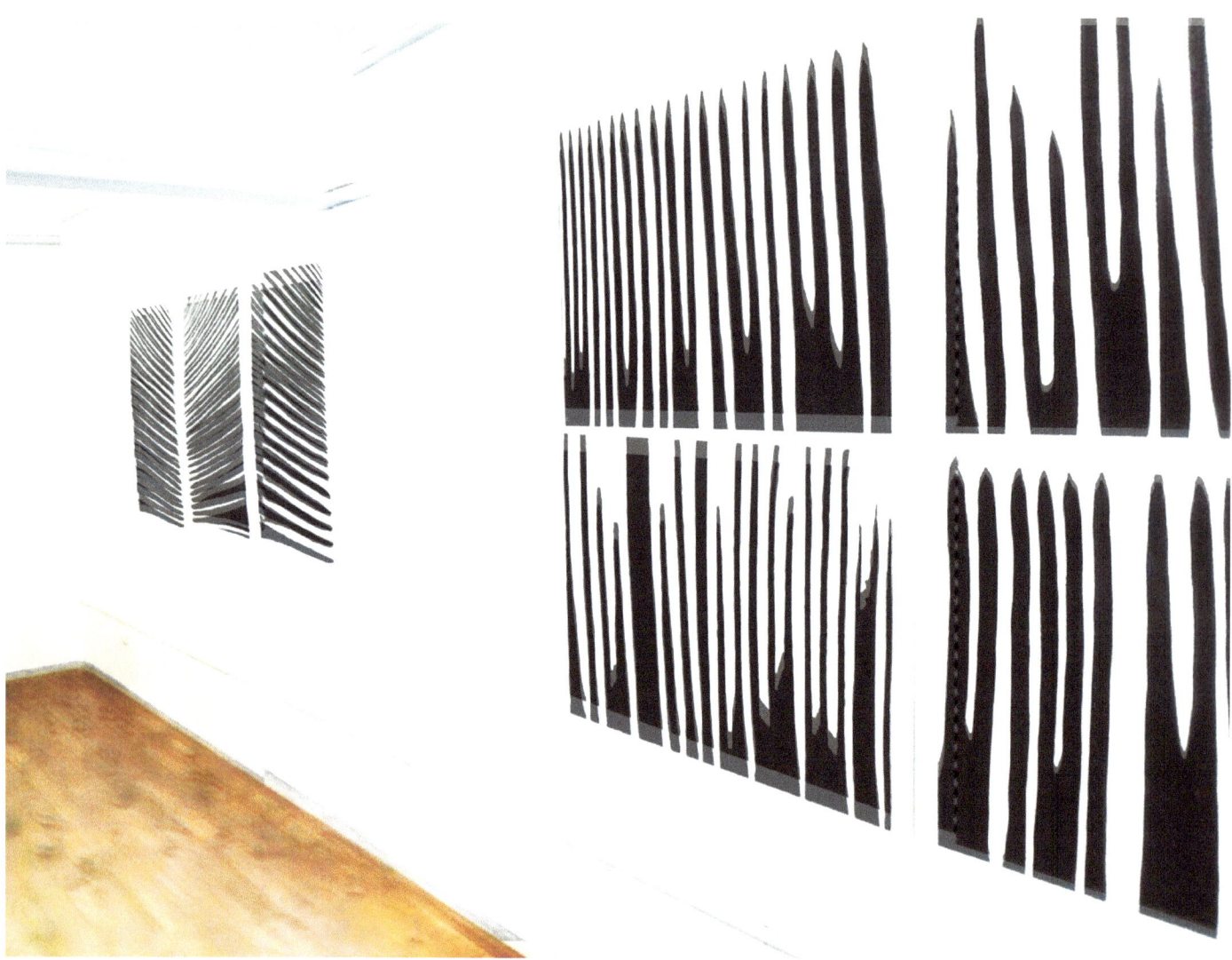

Entre-líneas
Serigrafia
Serigraphy
19,93 x 29,99 cm
2017

Projeto Impresso

Quando soube que teria a oportunidade de escolher um gravador para participar da segunda publicação da Gravura em Revista, me vieram à mente várias pessoas especiais, que muito contribuíram no meu aprimoramento como gravadora e, destes, escolhi a Ethel Presser que - além de me mostrar uma gravura bem marcante e rica, em parte por sua bagagem cultural diferente da nossa, e por sua presença alegre e criativa - muito acrescentou às nossas tardes de trabalho e trocas de conhecimento.

Zula

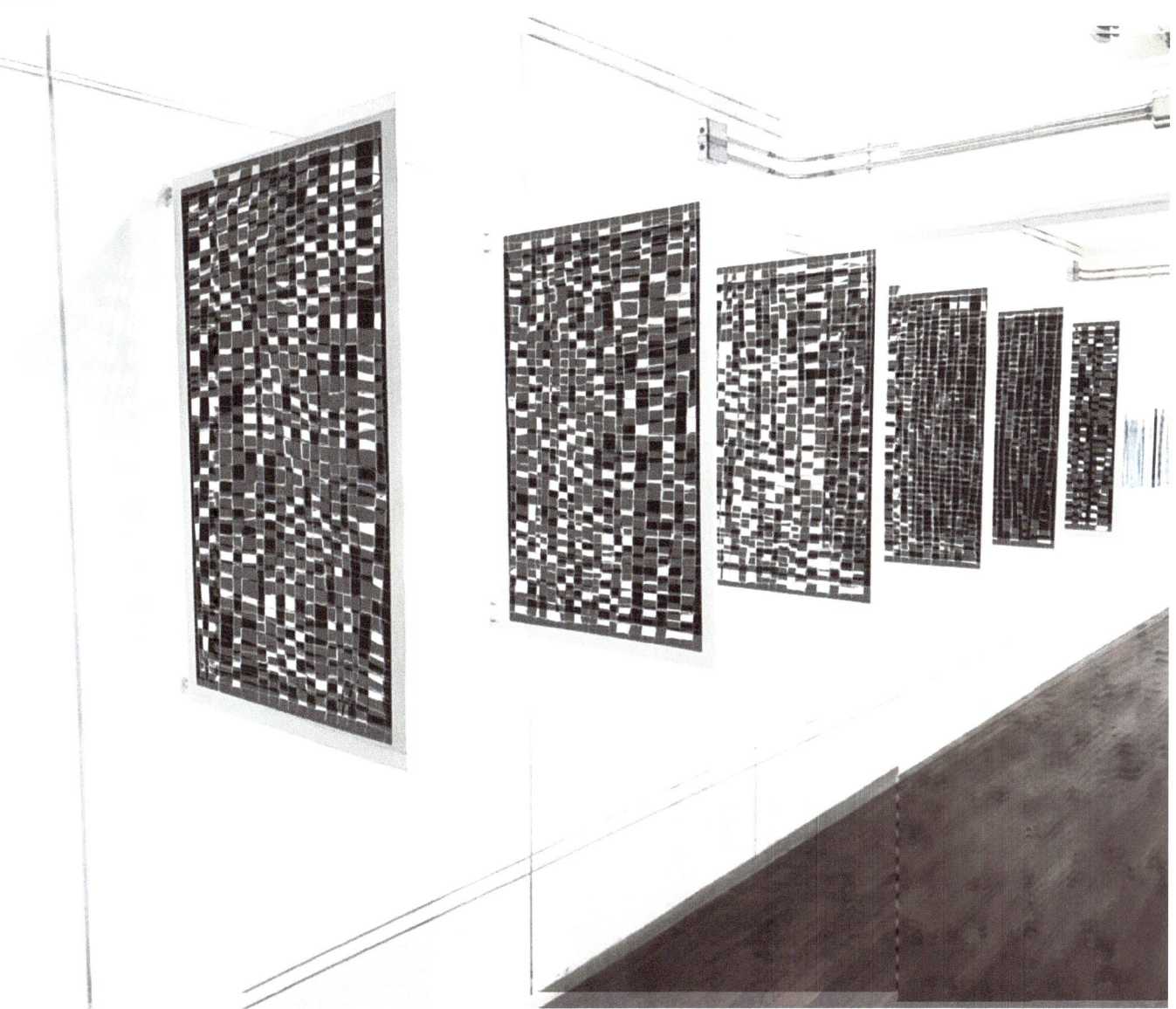

Entre-líneas 2
Gravura
Printmaking
22,5 x 29,9 cm
2017

Ethel Presser

•Projeto Impresso•

Entre Líneas

The act of de-formalizing the practice of engraving has been one of the central issues that I have been exploring in my works.
The operation of decomposing an engraving executed in an artistically formal process,
to later recompose a contemporary engraving is the central operation in my work and
takes shape in this series "Entre Líneas". As a method to carry out this operation I use a practice that I call "the game of discovering", which requires a state of attention to what the practice of decomposing reveals, to later compose again make, assemblies, incisions, and cutouts, that when leaving light inputs, compose and set the work in shadows and lights.

Etymologically the word "discover" means to find something hidden, which is my process of decomposition provides new challenges to glimpse other possible horizons of these my processes.

In the series, I present here, Entre Lineas, I focused on investigating two phases of experimentation. On the one hand, the desire to build, using lights, spaces that invite to situate the experience of those who contemplate, from a fourth dimension, to provide new possibilities for observation, as a challenge to the experience of living, a world that presents itself in all its possibilities.On the other hand, in direct connection with the observer's experience, I place the observation piece, from the installation's considerations, to cause its displacement and thus have an experience of being able to enter the "game of discovery", activate the work, move it, and give shape to your own experience of contemplation.

I propose, with these works and processes, a journey through the exploration path to configure a new artistic experience in my work as a printmaker.

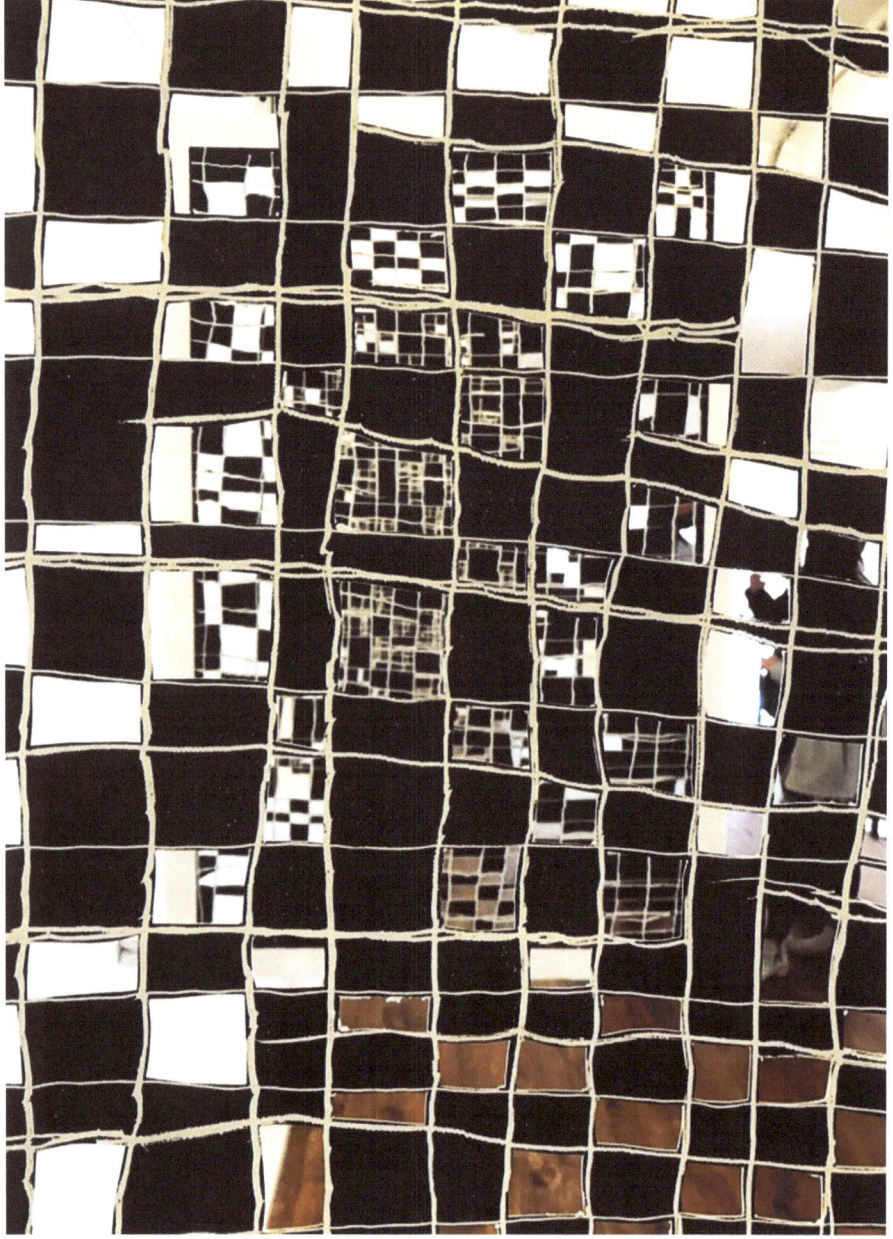

Entre-lineas 3
Gravura
Printmaking
29,9X 22,5 cm
2017

•Projeto Impresso •

Entre Líneas

O ato de des-formalizar a prática do gravado tem sido uma das questões centrais que venho explorando nas minhas obras. A operação de decompor um gravado executado num processo artisticamente formal, para logo recompor um gravado contemporâneo é a operação central na minha obra, e toma corpo nesta série Entre Líneas
Como método para levar a cabo essa operação, utilizo uma prática que chamo "o jogo de descobrir", que exige um estado de atenção ao que a prática do ato de decompor revela, para depois voltar a compor ao fazer montagens, incisões e recortes que, ao deixar entradas de luz, compõem e ambientam a obra em sombras e luzes. Etimologicamente a palavra descobrir quer dizer encontrar algo escondido que, no processo de decomposição, proporciona novos desafios para vislumbrar outros horizontes possíveis desses meus processos.

Na série que aqui apresento, Entre Líneas, me centrei em investigar duas fases de experimentação. De uma parte o desejo de construir, mediante luzes, espaços que convidem a situar a experiência de quem contempla, a partir de uma quarta dimensão, de propiciar novas possibilidades de observação, como interpelação da experiência do viver, um mundo que se apresenta em todas suas possibilidades. E de outra parte, em direta vinculação com a experiência do observador, situo a peça de observação, desde considerações da instalação, para provocar seu deslocamento e assim ter a experiência de poder entrar no "jogo de descobrir", acionar a obra, movê-la, e dar forma na sua própria experiência de contemplação.

Me proponho, com essas obras e processos, a transitar pelo caminho da exploração para configurar uma nova experiência artística no meu trabalho como gravadora.

Ethel Presser

Projeto Impresso

· Projeto Impresso ·
· Projeto Impresso ·

Entre-líneas 1
Serigrafia
Serigraphy
29,9 x 29,9 cm
2017

Zula

•*Projeto Impresso*•

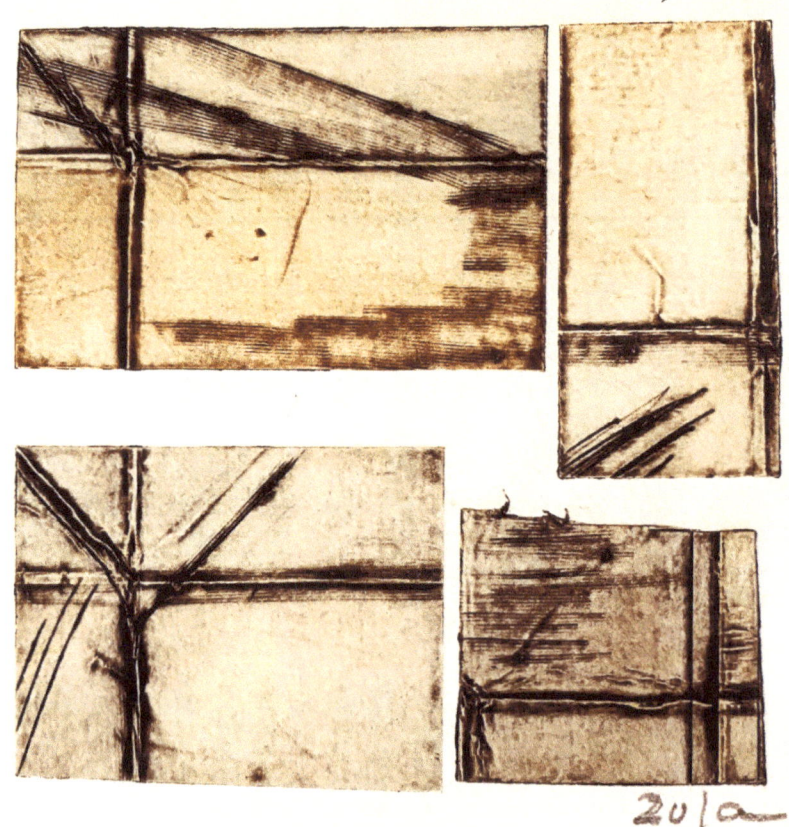

Working with engraving, we come up with countless forms of recording and translating an idea. The work I am presenting was done with the drypoint technique. This allows a "chat" with the matrix and does not depend on the use of chemicals. Like any engraving, reading inside out to our thinking is now under our direct control in deepening the cut and in the chosen direction. A while ago, I worked with small mother plates, with the intention of drawing up small folded books, meeting the request of a child. the expansion to other themes and objectives was a step. In the work, I alternated in the application of different inks, which makes each unit a unique work.

Delhes / Details
Ponta seca
Drypoint
dimensões variáveis
variable dimensions

• *Projeto Impresso* •

Trabalhando a gravura, nos deparamos com inúmeras formas de registro e tradução de uma ideia. O trabalho que ora apresento foi feito com a técnica de ponta seca, que permite um "conversar" com a matriz e independe do uso de mordentes. Como qualquer gravura, a leitura às avessas do nosso pensar, fica agora sob nosso controle direto no aprofundamento do corte e na direção escolhida.

Há um tempo, trabalhei pequeninas placas matrizes, com a intenção de elaborar pequenos livros dobrados, atendendo ao pedido de uma criança. Daí para a expansão para outros temas e objetivos foi um passo.

No trabalho que apresento, à placa gravada, alterno na aplicação de tintas diferentes, o que faz de cada unidade um trabalho único.

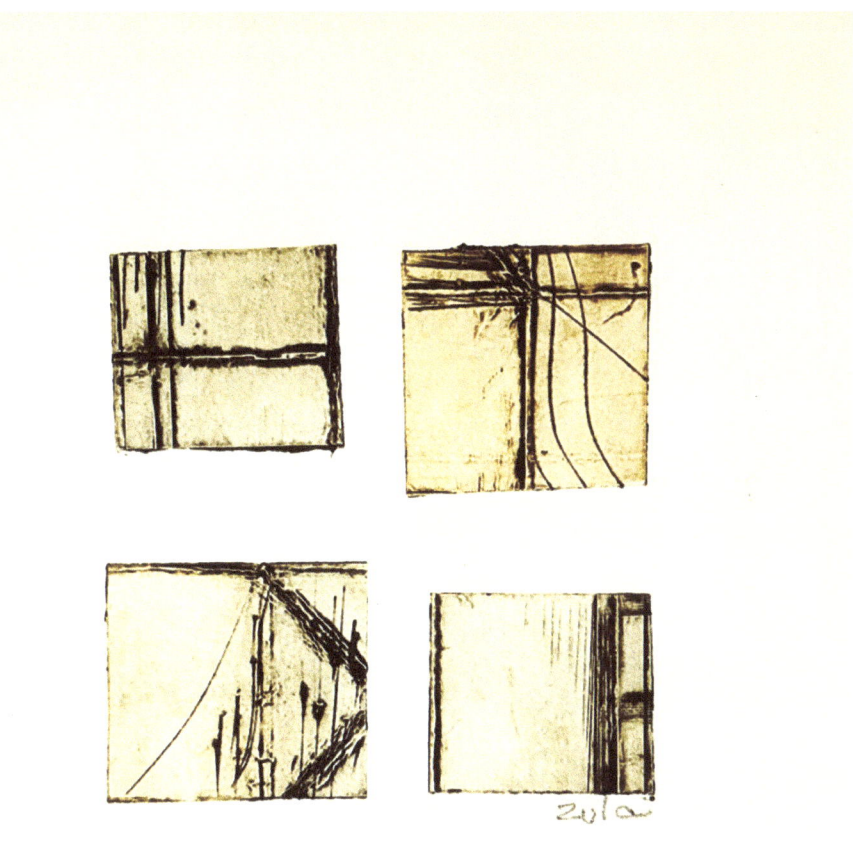

Delhes / Details
Ponta seca
Drypoint
dimensões variáveis
variable dimensions

Zula

Projeto Impresso
Projeto Impresso

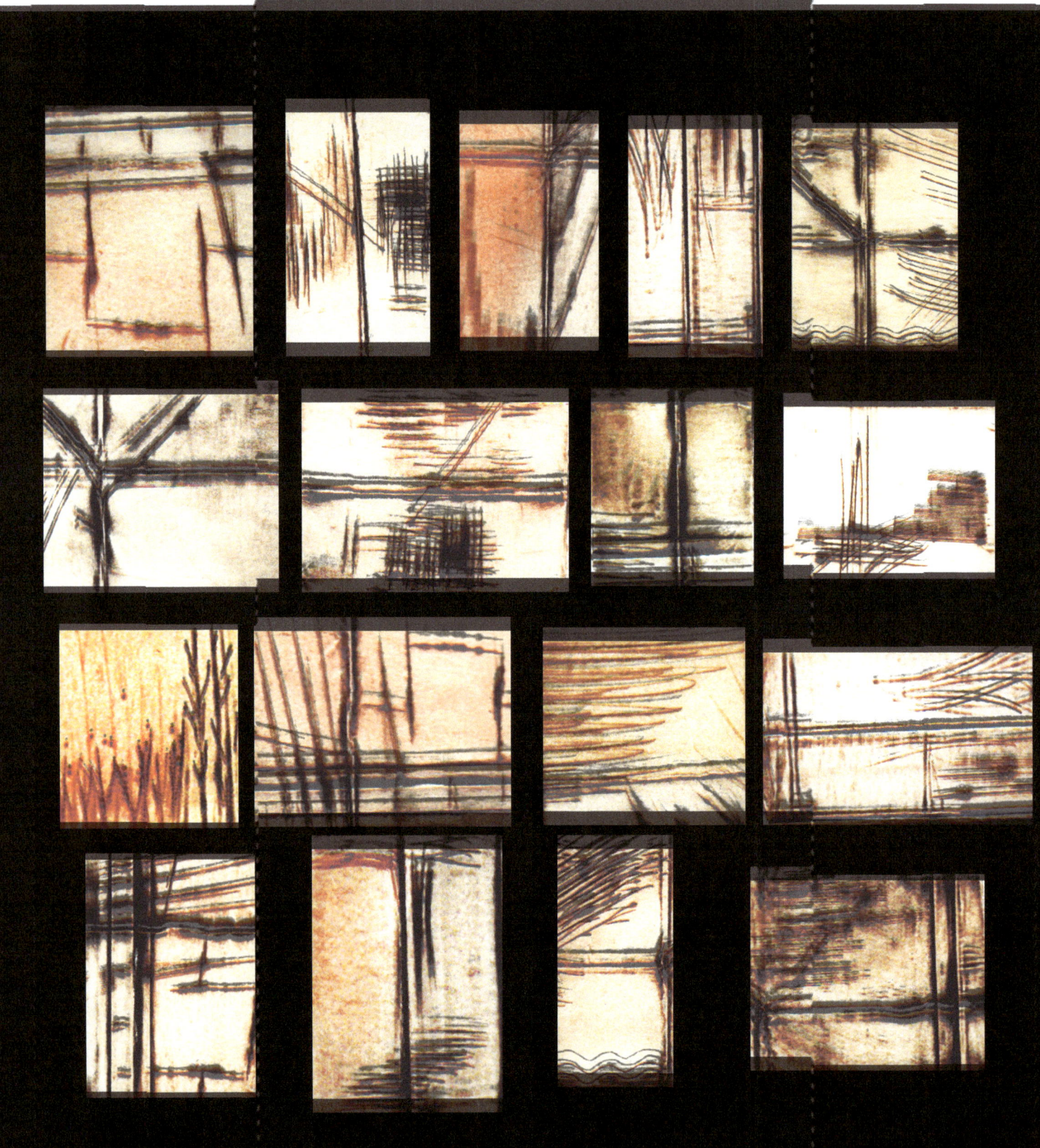

Detalhes / Details
Ponta seca
Drypoint
dimensões variáveis
variable dimensions

Projeto Impresso
Projeto Impresso

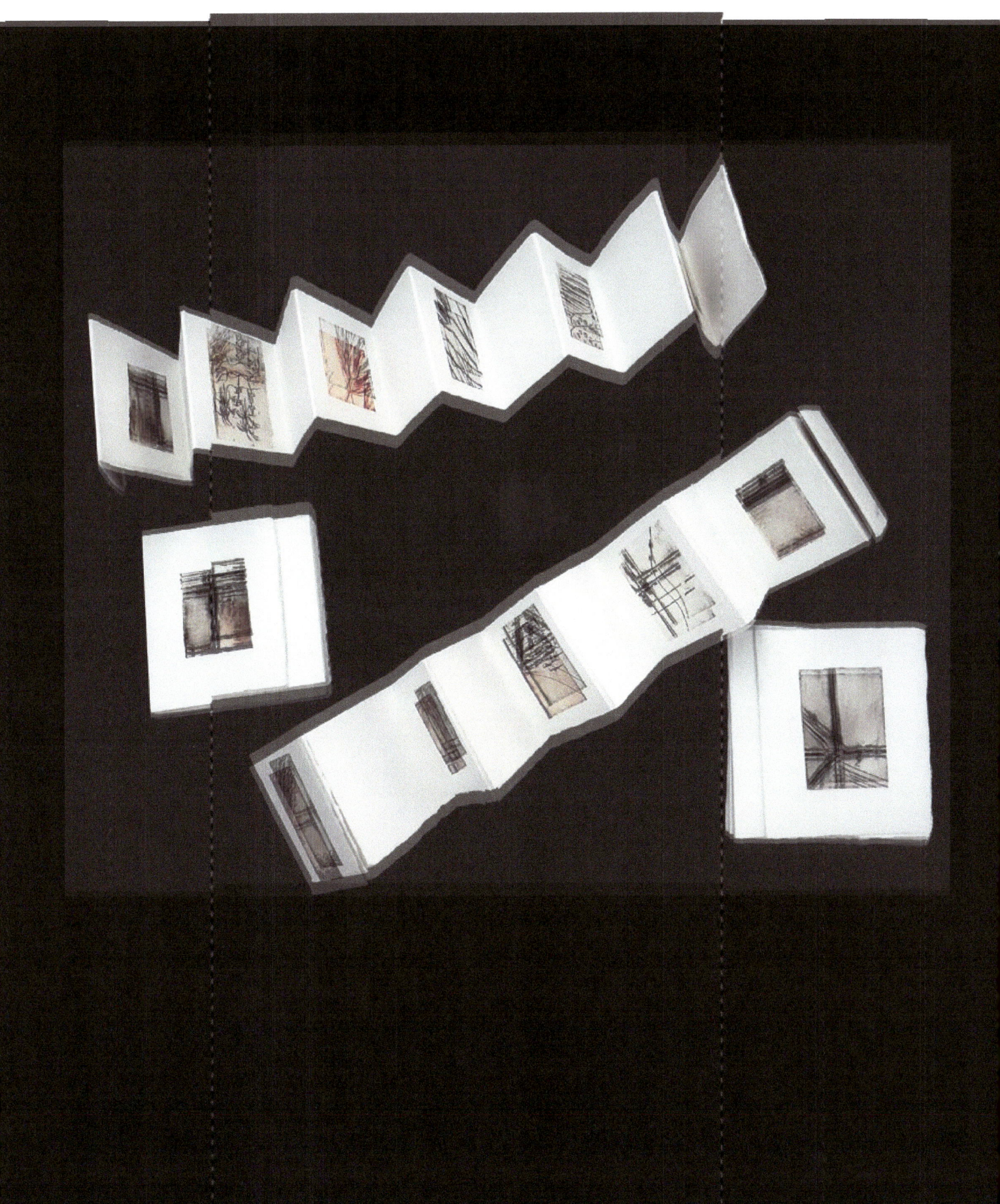

Zula

•Projeto Impresso•

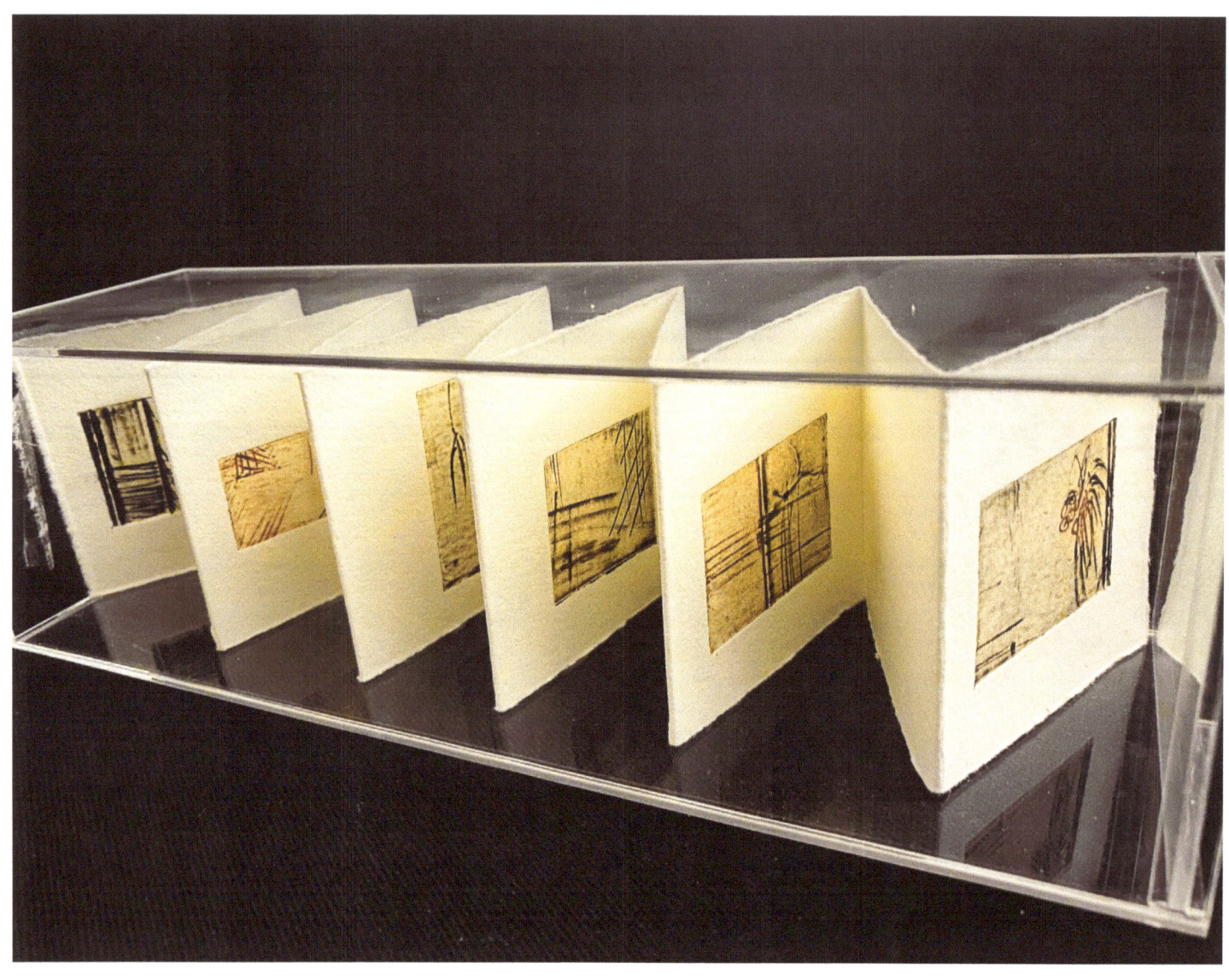

Livro de artista em caixa de acrílico
Artist`s book in acrylic box
Ponta seca
Drypoint
80x7cm

Projeto Impresso

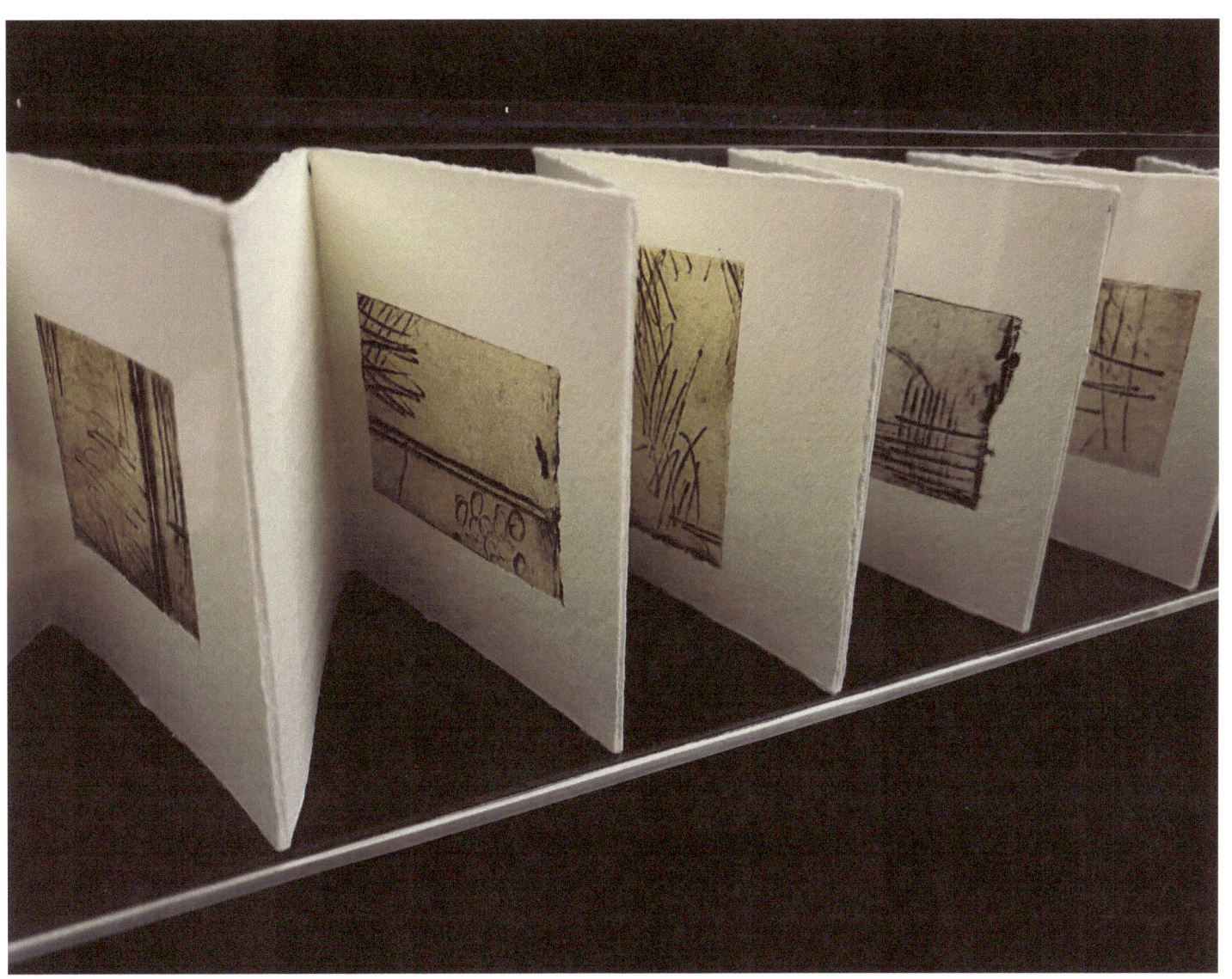

Leonor Décourt

Projeto Impresso

Redemptions

Around 1997, at Parque Lage, in a room in the basement, impregnated with the delicious smell of paint, in the midst of engraving classes and preparation of works for an exhibition, Leonor Décourt arrived. Infallible connections of ideas in the art of printing happened immediately. It was the beginning of a partnership. We founded InterStudio Gráfico with the participation of Evany Cardoso and Léa Soibelman. We run around the world. Institutions, museums, and printmaking events. The strength of our motivation continues alive with your acceptance to participate in the Gravura em Revista of the atelier Projeto Impresso.

Now is the time to produce imagination. Maintain the thought of rescues, of revisited works. Interference and new ways of understanding matrices. Time to explore the creative nature of perception and absorb that: ::: an artistic fact never passes, it is not an acquired, classified, immutable value; it is a flagrant event, which can be transformed with our intervention. As we move in time, the historical perspective changes, just as, when we move in space, the perspective changes ... (Giorgio Morandi)

Angela Rolim

Resgates

Por volta de 1997, no Parque Lage, em uma sala no subsolo, impregnada do delicioso cheiro da tinta, em meio a aulas de gravura e preparação de trabalhos para uma exposição, Leonor Décourt chegou. Infalíveis conexões de ideias da arte da impressão aconteceram de imediato. Foi o início de uma parceria. Fundamos o InterStudio Gráfico com a participação de Evany Cardoso e Léa Soibelman. Corremos mundo. Instituições, museus e eventos de gravura. A força de nossa motivação continua viva com seu aceite para participar da Gravura em Revista do ateliê Projeto Impresso.

Agora é tempo de produzir imaginação. Manter o pensamento de resgates, de trabalhos revisitados. Interferências e novas formas de entender as matrizes. Tempo de explorar a natureza criativa da percepção e absorver que: ::: um fato artístico nunca passa, não é um valor adquirido, classificado, imutável; é um acontecimento flagrante, que pode se transformar com nossa intervenção. Ao movermos no tempo, altera-se a perspectiva histórica, assim como, ao movermo-nos no espaço, altera-se a perspectiva... (Giorgio Morandi)

Angela Rolim

Projeto Impresso
Projeto Impresso

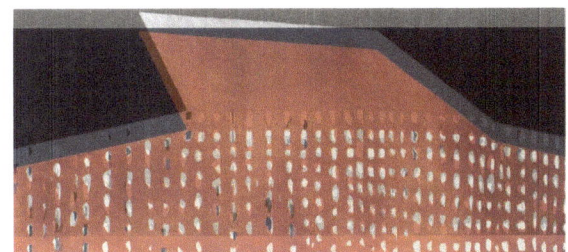

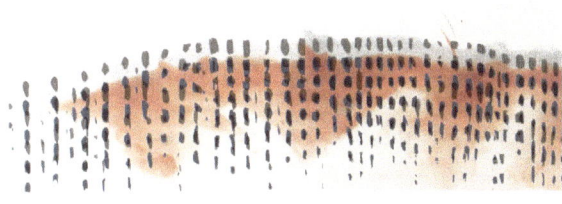

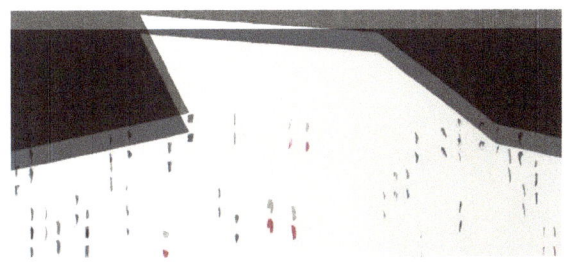

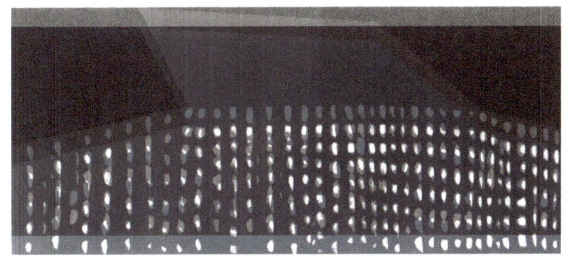

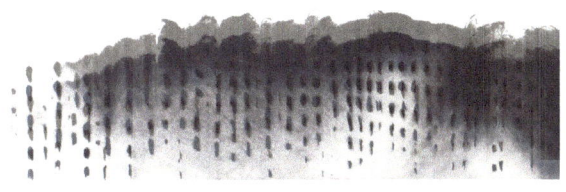

Same Different Ways
água tinta, lavis e monotipia
aquatint, lavis and monotype
20 X 30 cm
2012

Leonor Décourt

•Projeto Impresso•

Same Different Ways

Drawing and redrawing the same image, experimenting with different strokes, and different light intensities for the same drawing has always been of interest to me.
Repeat, repeat, until it becomes different.
This procedure was intensified with metal engraving, a technique I have been using since the late 1980s, and which fits perfectly in this way of working.
I have a passion for the graphic quality of metal engraving and try to experiment with its characteristics in various ways.
I change the color, tone, and support, giving the matrix different interpretations for the same image.
Same Different Ways developed from repetitions, inclusions, and deletions of graphic and pictorial elements. This process took place in all stages of creation: in the drawing, in the recording of the matrices, in the prints, and in the supports.
As a result, Same Different Ways comes in two formats: traditional prints and as an artist's book (digitalized images of the prints).
In both ways, the six images self-combine, resulting in a large number of possibilities for composition.
This is another characteristic of my work. I have a strong passion for games and puzzles. In artist books, I often produce playful works, where the viewer has the opportunity to intervene and modify a piece.

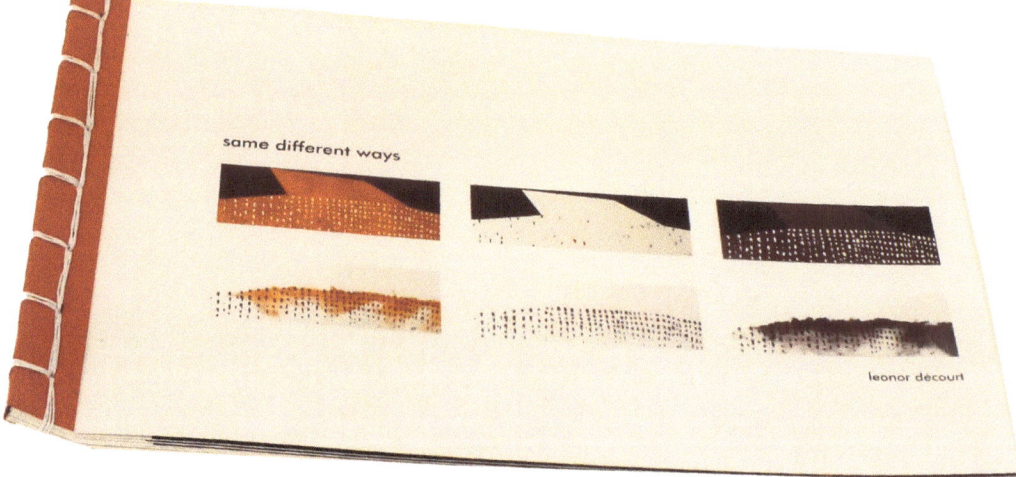

Same Different Ways – álbum de gravuras desenvolvido e apresentado especialmente para SP Estampa 2012, Gravura Brasileira, São Paulo.

Same Different Ways – foi apresentada na exposição individual Descendentes, Galeria Fernanda Perracini Milani, Jundiaí, SP, 2012.

Same Different Ways – livro de artista, catalogado no The Artist's Book Yearbook 2014-2015.

Publicado por The Centre for Fine Print Research University of the West of England, Bristol, 2013.

Same Different Ways – livro de artista, foi apresentado na Livraria de Artistas, SP-Estampa 2013.

Same Different Ways

Desenhar e redesenhar a mesma imagem, experimentando vários traços e diferentes intensidades de luz para o mesmo desenho, sempre foi o meu interesse.
Repetir, repetir, até se tornar diferente.
Esse procedimento se intensificou com a gravura em metal, técnica que utilizo desde o final dos anos 1980, e que se encaixa perfeitamente nessa forma de trabalhar.
Tenho paixão pela qualidade gráfica da gravura em metal e procuro experimentar suas características em várias possibilidades. Modifico a cor, a tonalidade e o suporte, dando à matriz interpretações diferentes para uma mesma imagem.
Same Different Ways se desenvolveu a partir de repetições, inclusões e supressões de elementos gráficos e pictóricos. Esse processo se deu em todas as etapas de criação: no desenho, na gravação das matrizes, nas impressões e nos suportes.
Como resultado, *Same Different Ways* se apresenta em dois formatos: como gravuras tradicionais e como livro de artista (imagens digitalizadas das gravuras).
Nas duas maneiras, as seis imagens se auto combinam, resultando em um grande número de possibilidades de composição.
Essa é outra característica do meu trabalho. Tenho uma forte paixão por jogos e quebra-cabeças. Nos livros de artista, frequentemente produzo trabalhos lúdicos, onde o espectador tem oportunidade de intervir e modificar uma peça.

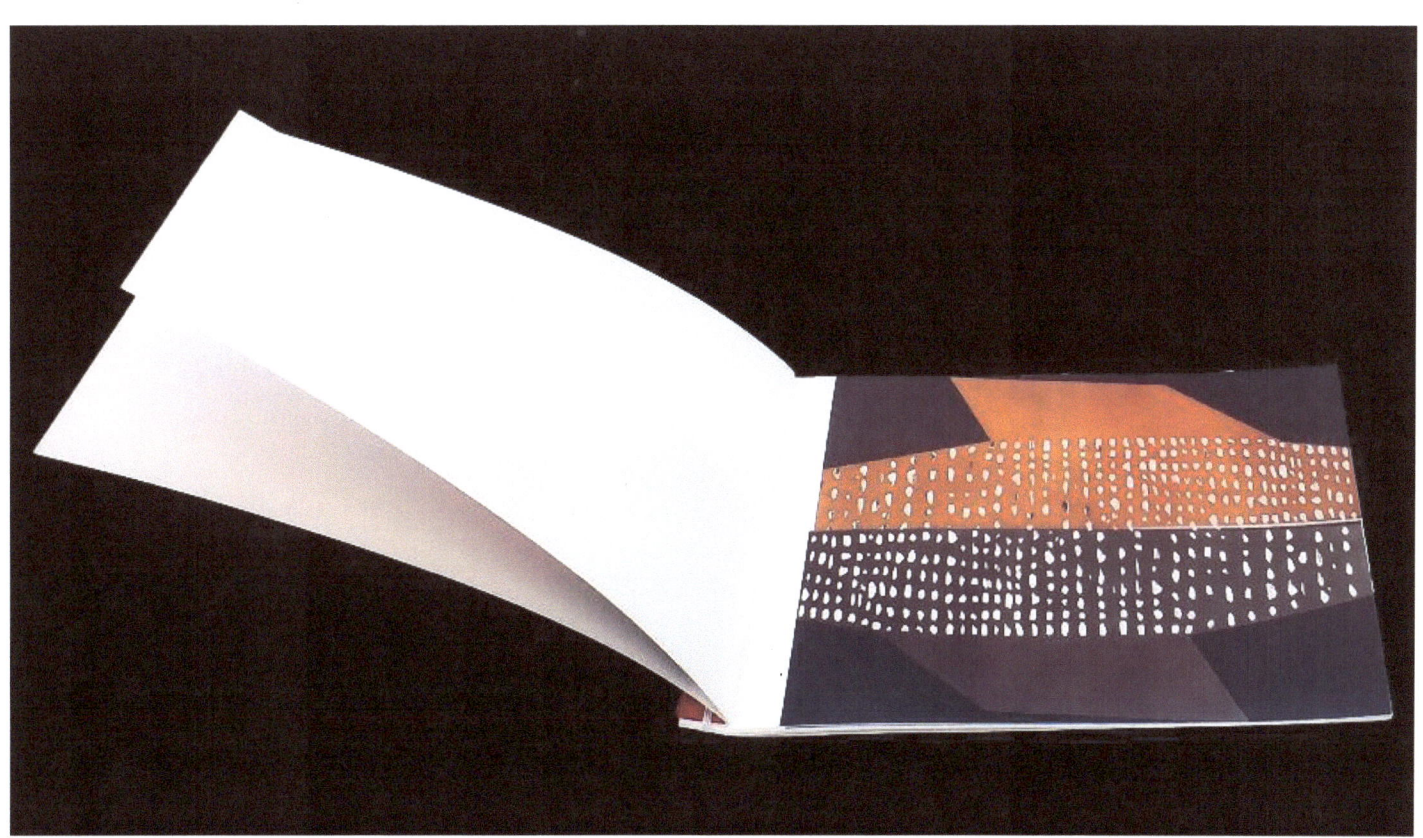

Leonor Décourt

Projeto Impresso

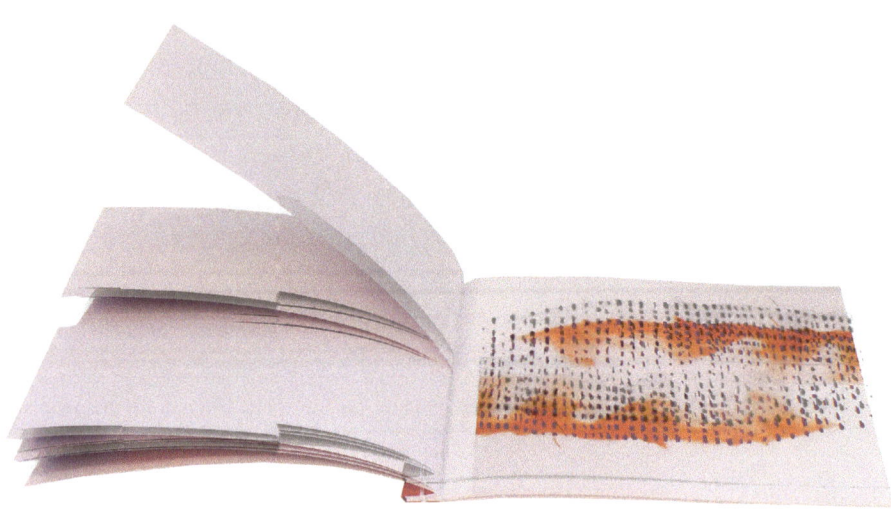

Same Diff.
Same Different Ways
livro de artista
artist's book
imagens
Imagens digitalizadas das gravuras
digitolized images of the prints
14,3 X21 cm
Edição 10
Edição 10 mais um prova de artista
Edition of 10 plus one artist proof
2013

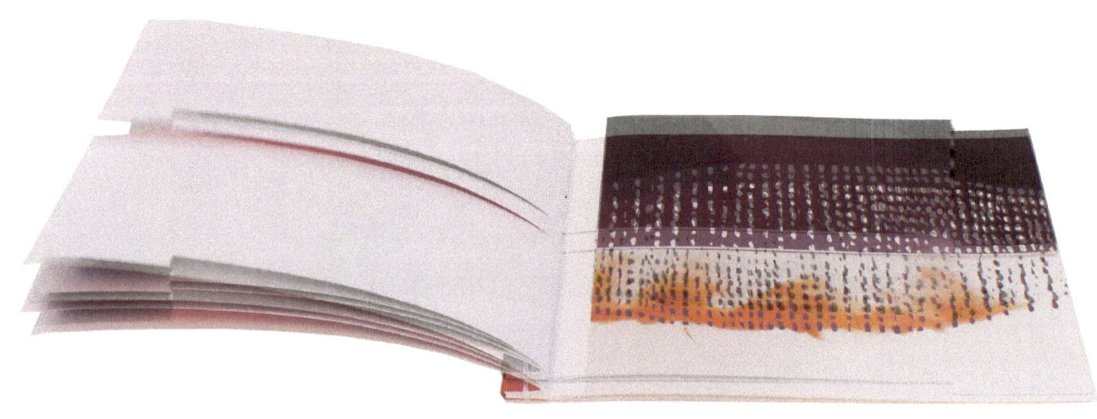

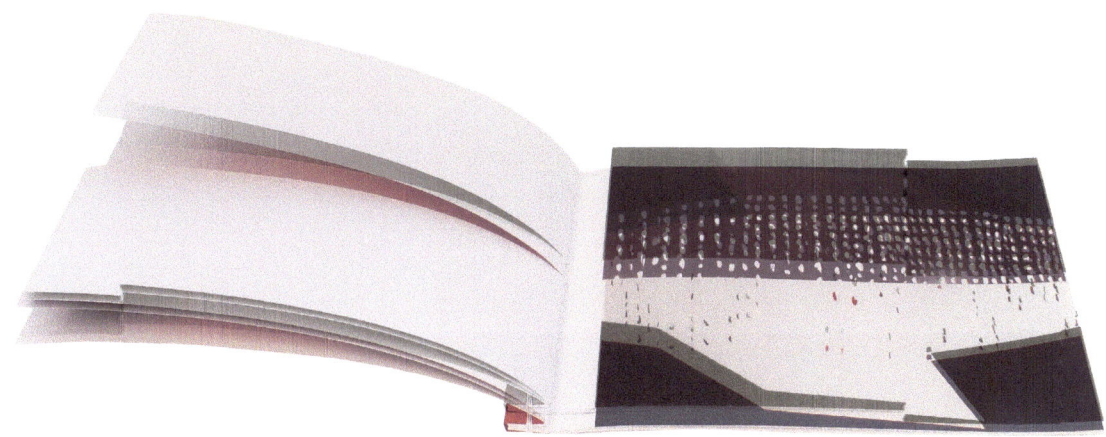

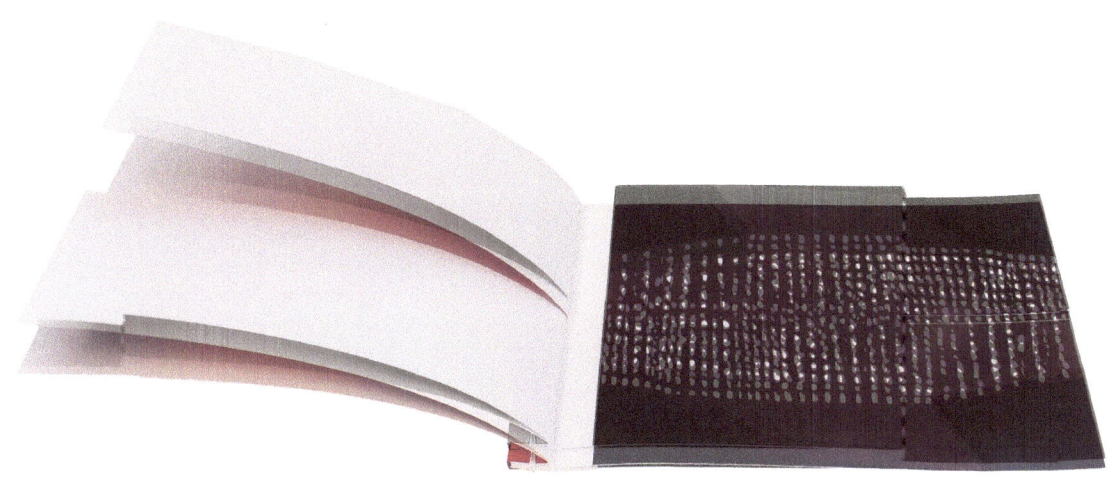

Angela Rolim

·Projeto Impresso·

False

The scenery that is constructed certainly is not natural. In it, one cannot see the manifestation of the mystery of nature. For this, this scenery needs to be conquered by the eye and have the imaginary perception reinstated.
Through matrix overlays, I accumulate memories and do not hesitate to interfere in the construction of my landscape, in the construction of history, and in the promotion of this encounter.

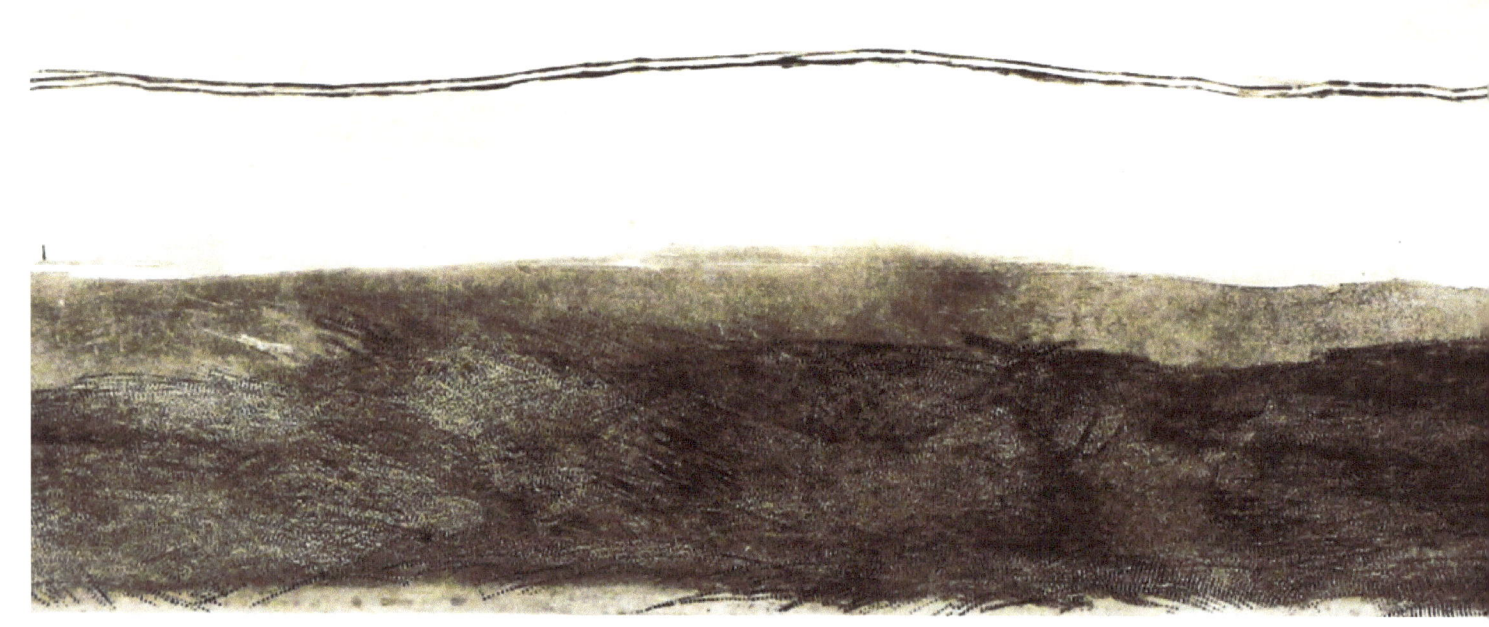

Anímicos #1 - Estudo para cartografia # 2
Água-tinta, água-forte e berceau
Aquatint, etching, and berceau
18 X 80 cm
2000

Falso

A paisagem construída certamente não é natural. Nela não se vê a manifestação do mistério da natureza. Para isso, essa paisagem precisa ser conquistada pelo olhar e ter a percepção imaginária restituída. Através de superposições de matrizes faço acúmulos de imagens memórias e não hesito em interferir na construção da minha paisagem, na construção de uma história e na promoção desse encontro.

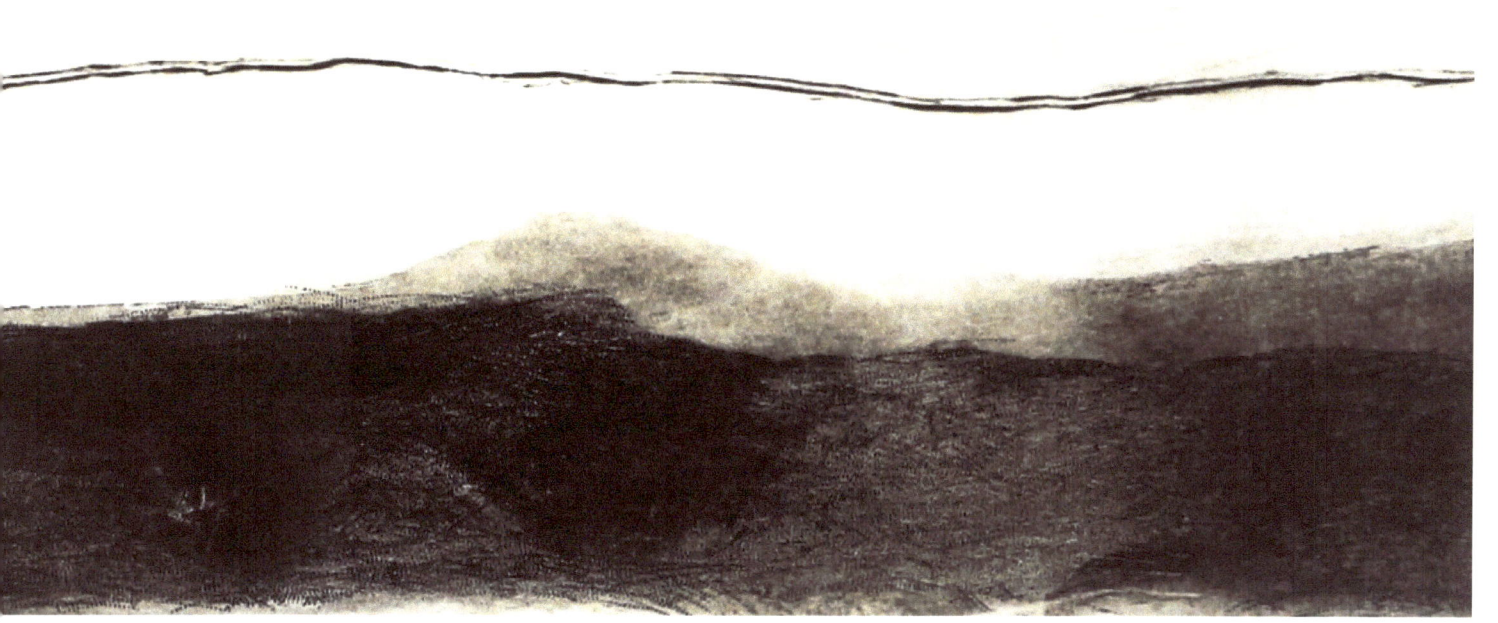

Angela Rolim

Projeto Impresso
Projeto Impresso

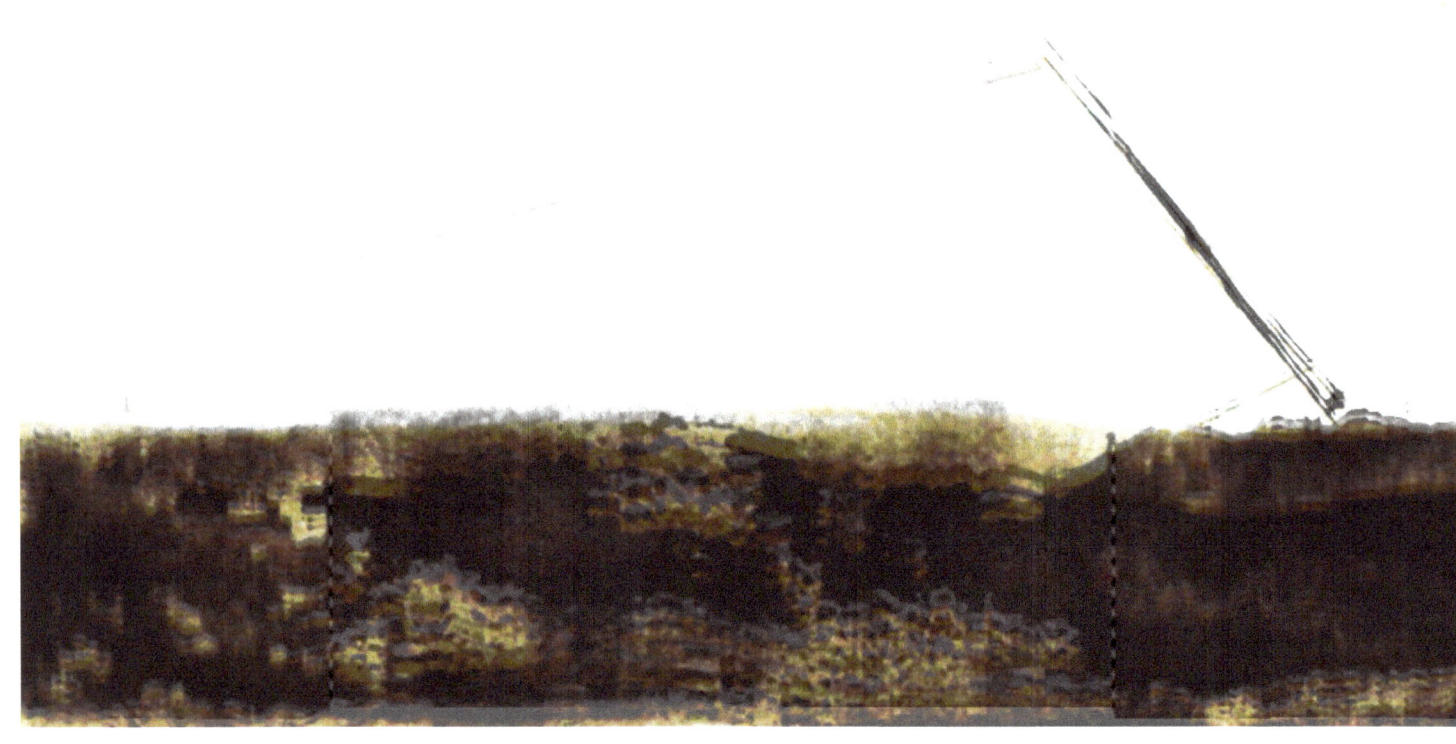

Anímicos #3 — Estudo para cartografia #1
água-tinta, água-forte e berceau
etching, aquatint and berceau
18 x 80 cm
2000

Anímicos #3
Detail

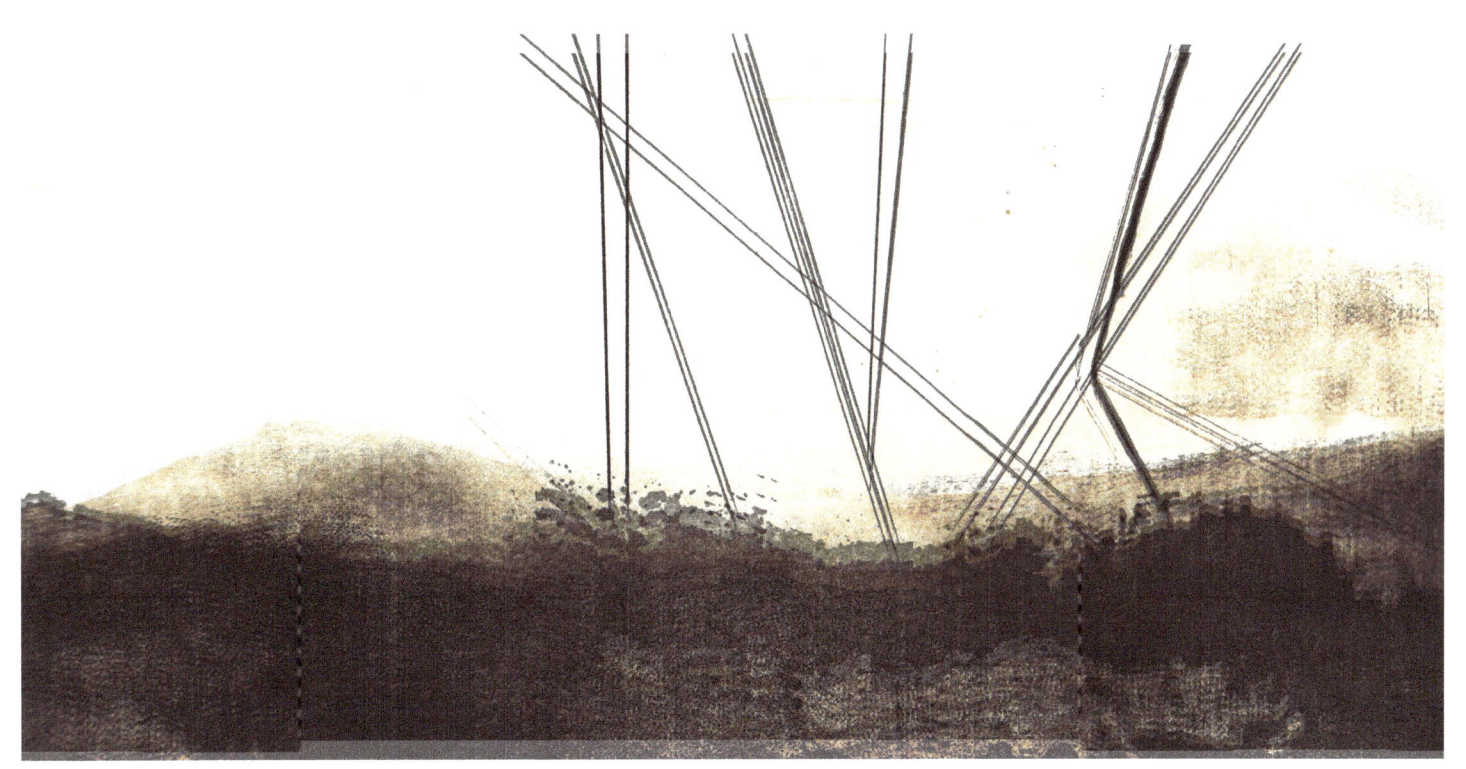

Angela Rolim

Projeto Impresso

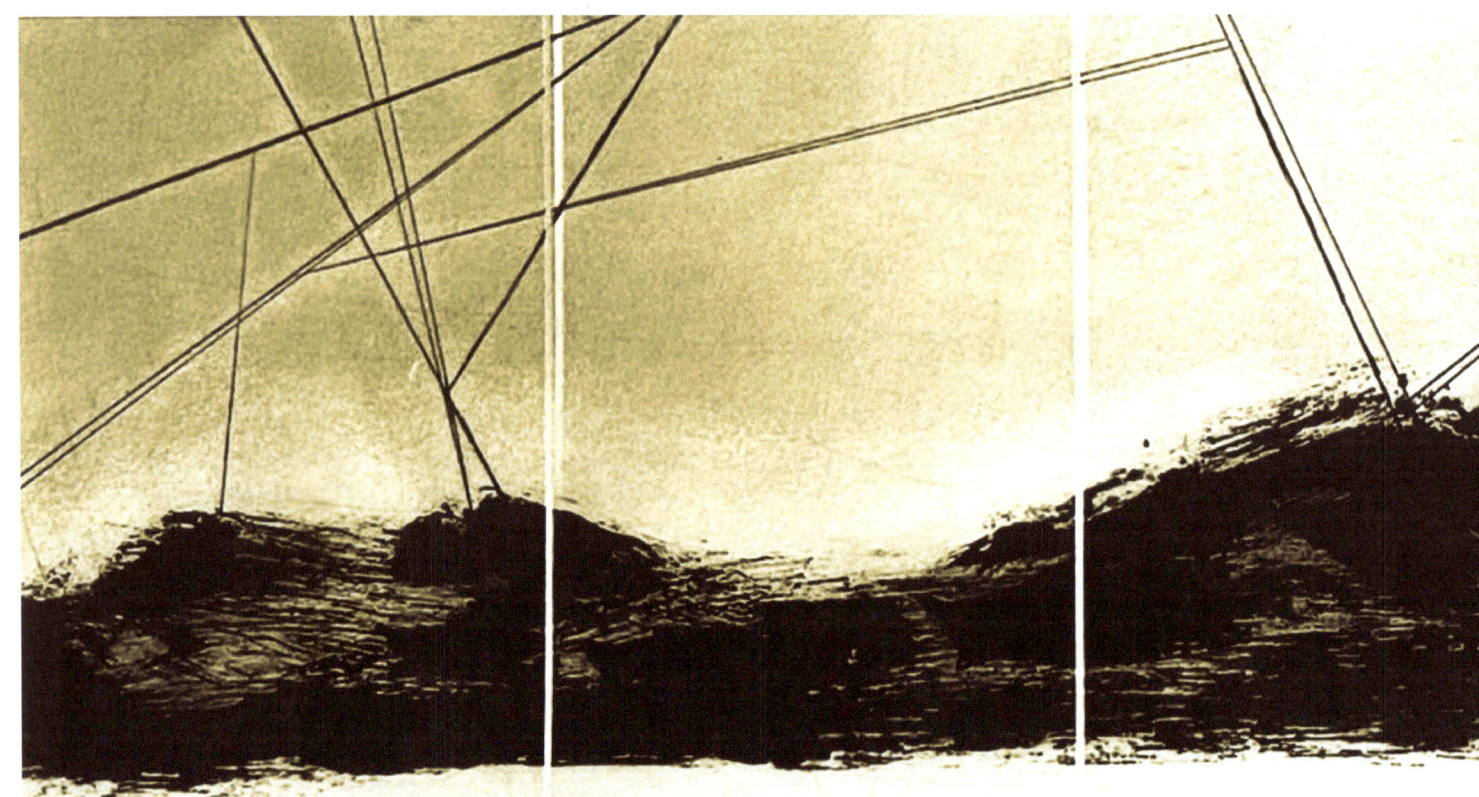

Cartografia Poética
água-tinta, água-forte e lavis
etching, aquatint and lavis
78x20 cm
2000

• *Projeto Impresso* •

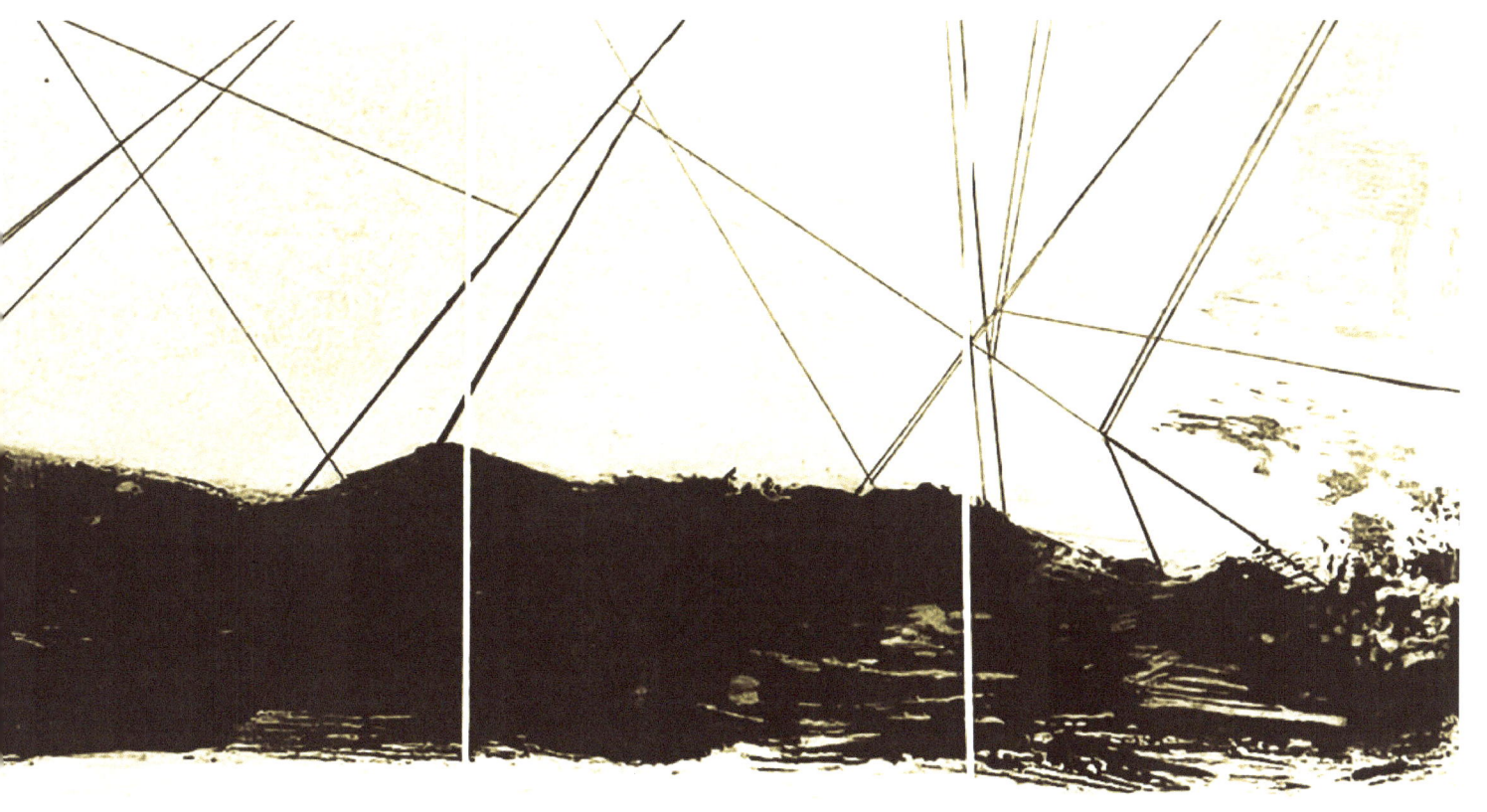

Nestor Goyanes

Projeto Impresso

I met Nestor Goyanes at Maestro Alfredo de Vincenzo's studio in 1988 when we worked together for five years. In 2010 we met again and since then we have shared long art talks, exhibitions and experimentation with new graphic techniques.

A deep love for engraving, for freedom of expression and despite distance, our works speak of nostalgia, belonging, our origins. It is what unites us.

Teresa Stengel

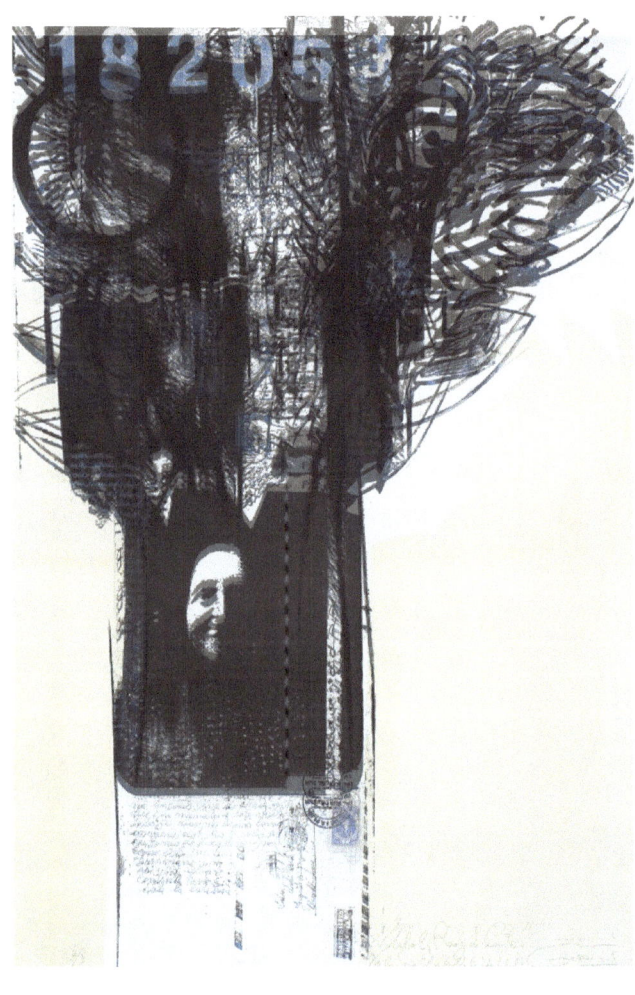

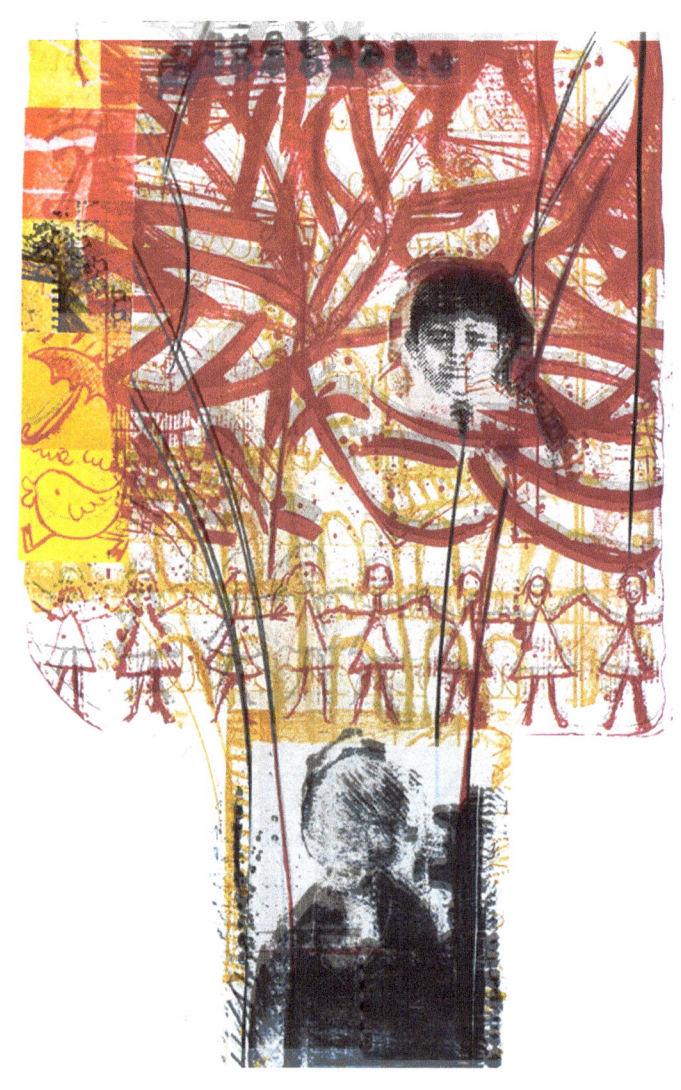

El Árbol de Mi Abuela Petra
Litogravura e xilogravura
Lithogravure and woodcut
93 x 63 cm
2008

Série Escolares: Escolar
Litogravura e chine collé
Lithogravure and chine collé
115 x 36 cm
2003

Conheci Nestor Goyanes no atelier do Maestro Alfredo de Vincenzo em 1988 quando trabalhamos juntos durante cinco anos. Em 2010 nos reencontramos e desde então compartimos longas conversas de arte, exposições e experimentações de novas técnicas gráficas.

Um amor profundo pela gravura, pela liberdade da expressão e apesar da distância, nossas obras falam da saudades, do pertencimento, das nossas origens. É o que nos une.

Teresa Stengel

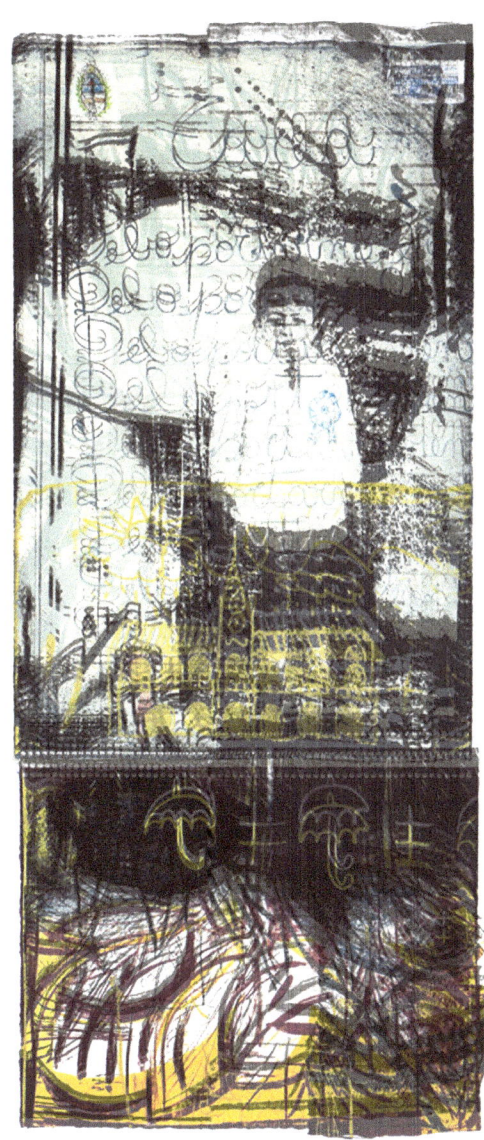

Série Escolares: Escolar
Litogravura e chine collé
Lithogravure and chine collé
1110 x 42 cm
2003

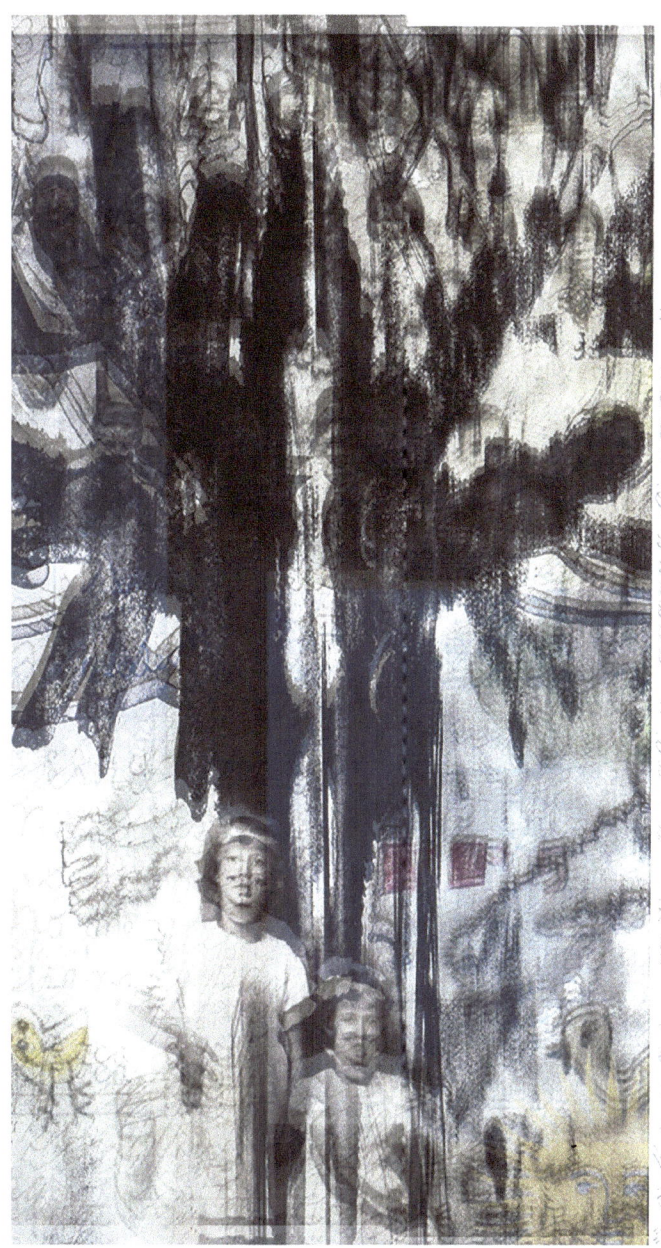

El arból de las niñas - série el arból de la identidad
digital
115 x 56 cm
2001

Nestor Goyanes

•*Projeto Impresso*•

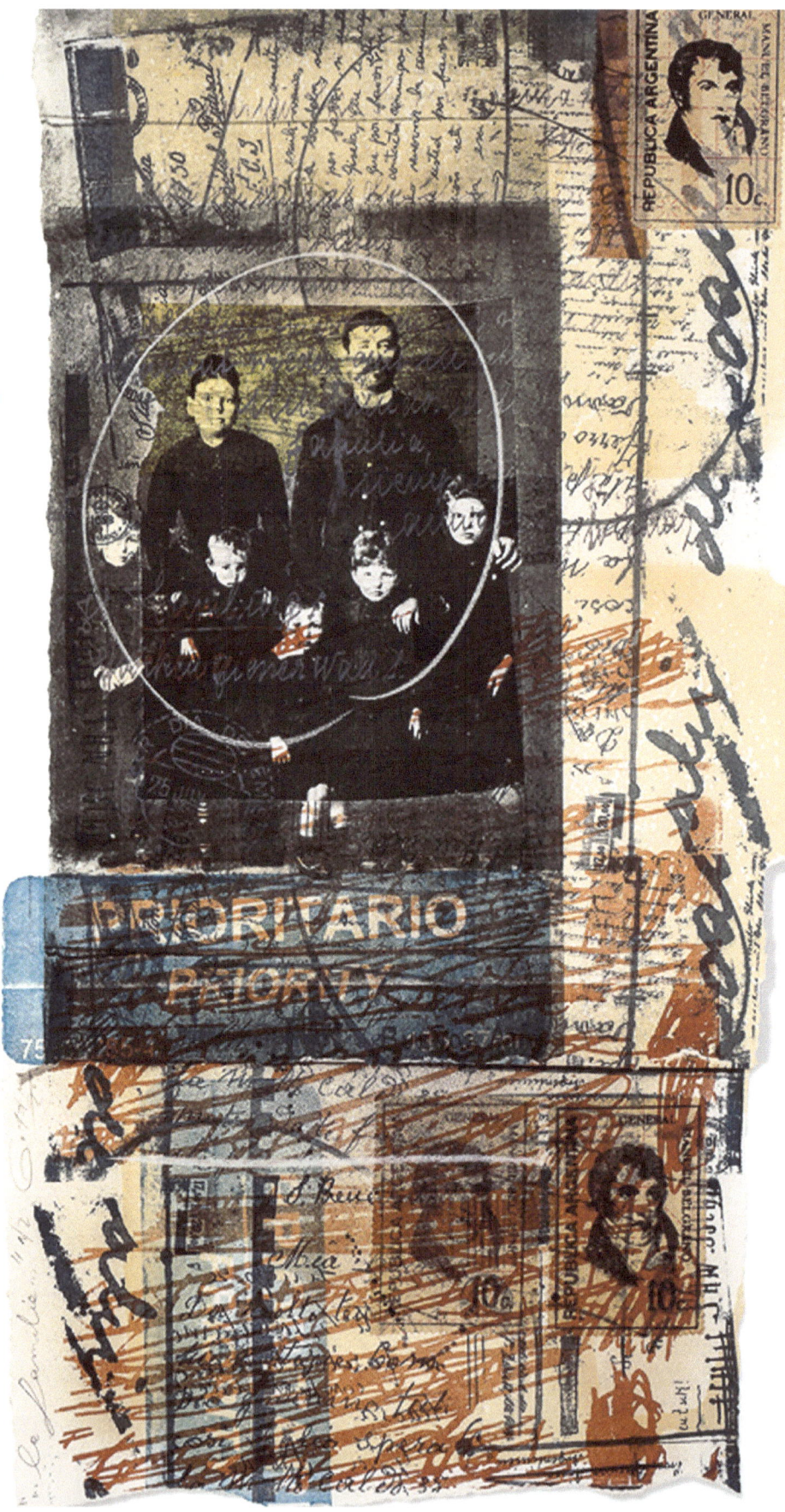

Letters from my family members came from Europe. As a grandson of Spanish immigrants, I started to understand my story in chapters, like a soap opera.
From then on, themes like immigration, identity, encounters, and mismatches, violated and lost letters, war photos were so present that they served as an inspiring source for my work over the past 30 years. It showed that my personal story is a universal story, the story of mankind.
Lithography is my primary technique.
I am a defender of freedom, playfulness, and, without any prejudice, I use different techniques to maintain my thinking. Crumple, tear, paste papers, and print. I use several techniques such as chine collé, stencil, and I invent my own forms of engraving without discarding resources.
The work must satisfy the artist. The viewer is not the protagonist at that moment, but if there is empathy, an emotion, the magic was created.

La Familia
Litogravura e chine collé
Lithogravure and chine collé
106 x 56 cm
2019

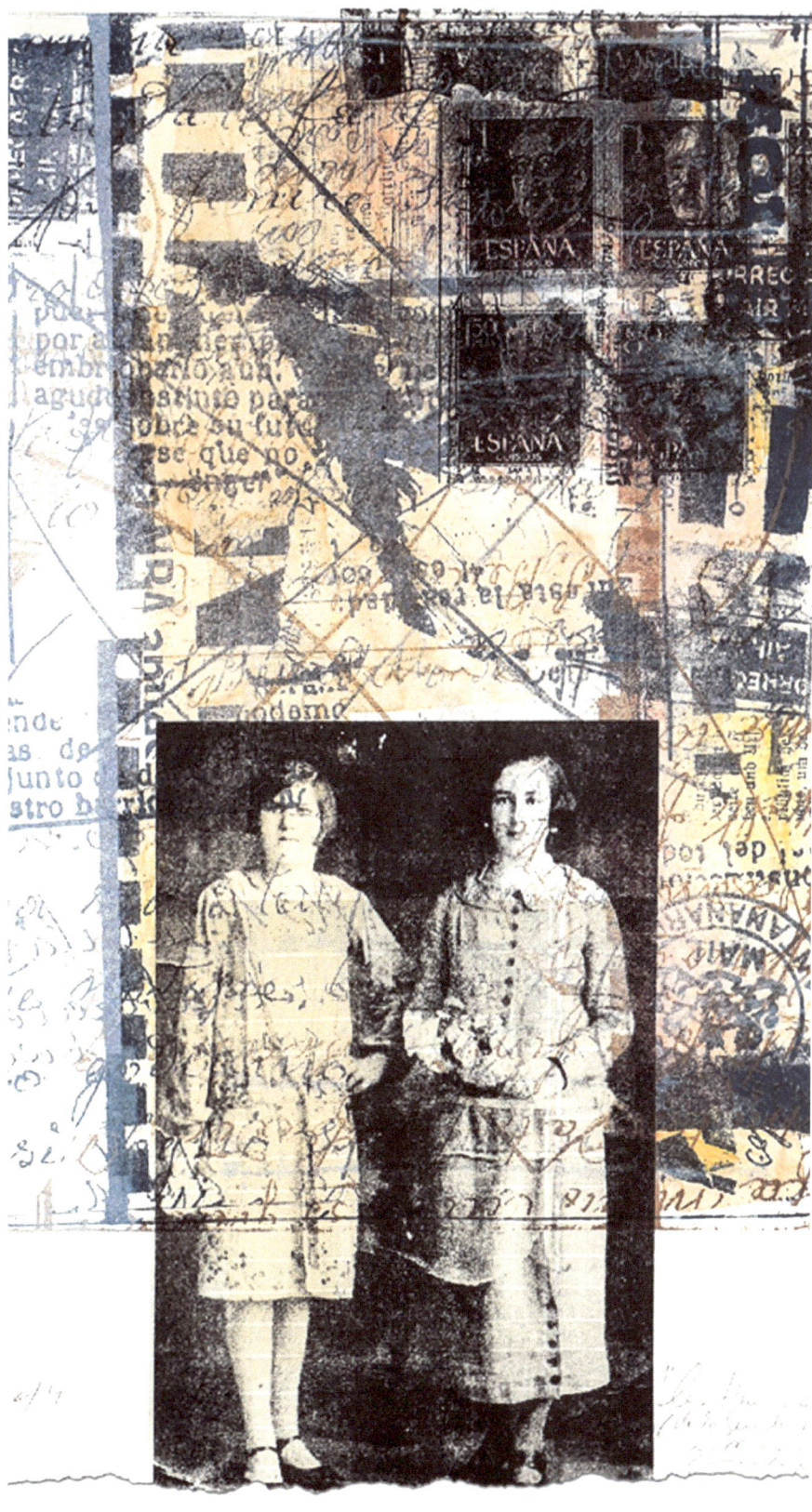

Chegaram a mim cartas de meus familiares vindas da Europa. Neto de imigrantes espanhóis, comecei a entender minha história em capítulos, como uma novela.

A partir daí, temas como imigração, identidade, encontros e desencontros, cartas violadas e perdidas, fotos de guerra foram tão presentes, que serviram de fonte inspiradora para meus trabalhos nesses últimos 30 anos. Mostrou que minha história pessoal é uma história universal, a história do homem.

A litografia é minha técnica madre. Sou um defensor da liberdade, do lúdico e, sem nenhum preconceito, utilizo técnicas diversas para manter meu pensamento. Amasso, rasgo, agrego papéis colados e imprimo. Utilizo diversas técnicas como o chine collé, stencil, invento minhas próprias formas de gravura sem descartar recursos.

A obra deve satisfazer ao artista. O espectador não é protagonista nesse momento, mas se existe uma empatia, uma emoção, a magia foi criada.

Série Cartas ao mar Las hermanas
Litogravura e chine collé
Lithogravure and chine collé
70 x 44 cm
2013

Nestor Goyanes

Projeto Impresso

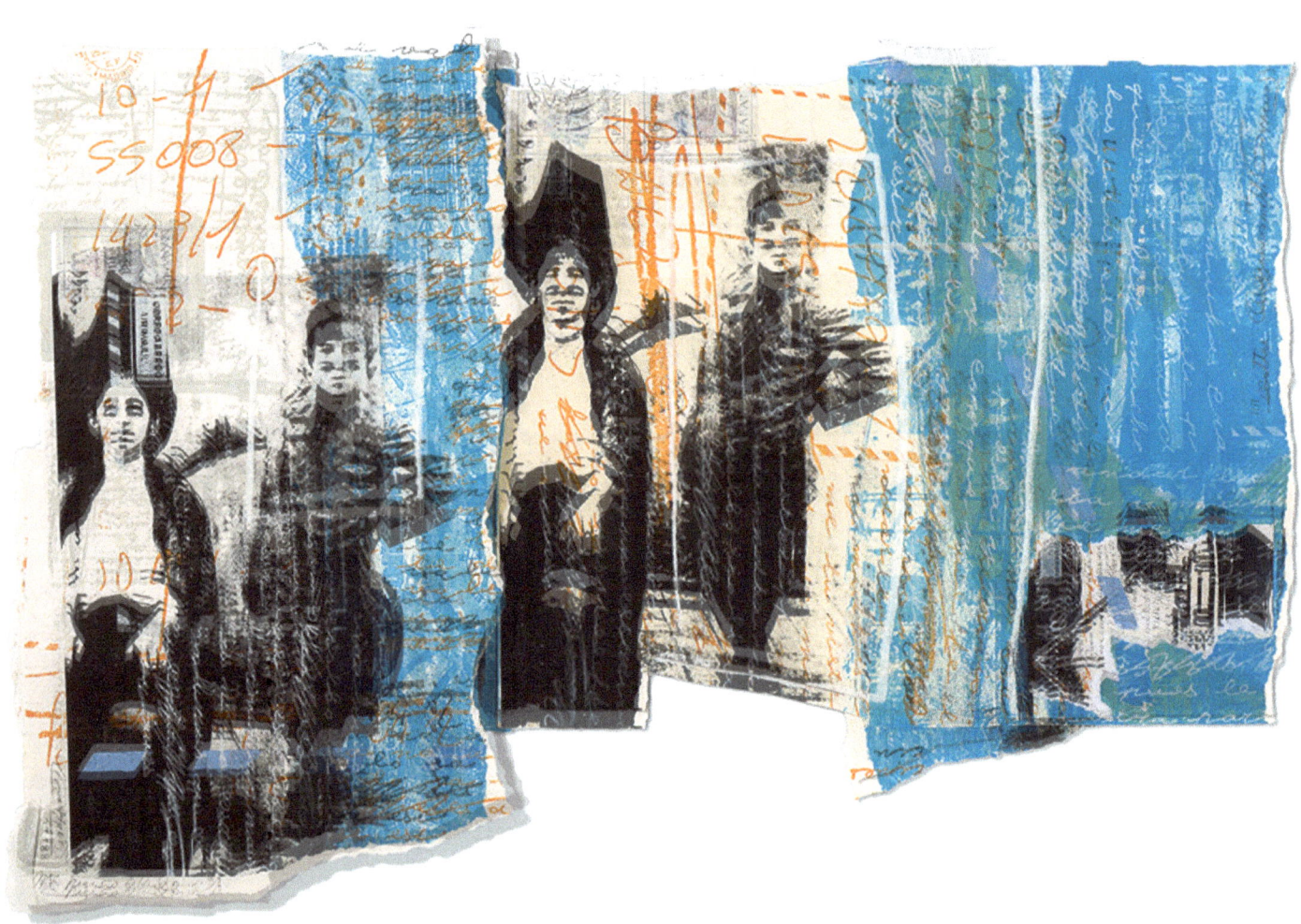

Mi Pequeño Abuelo
Litogravura e Xilogravura
Lithogravure and woodcut
80 x 93 cm
2007/2019

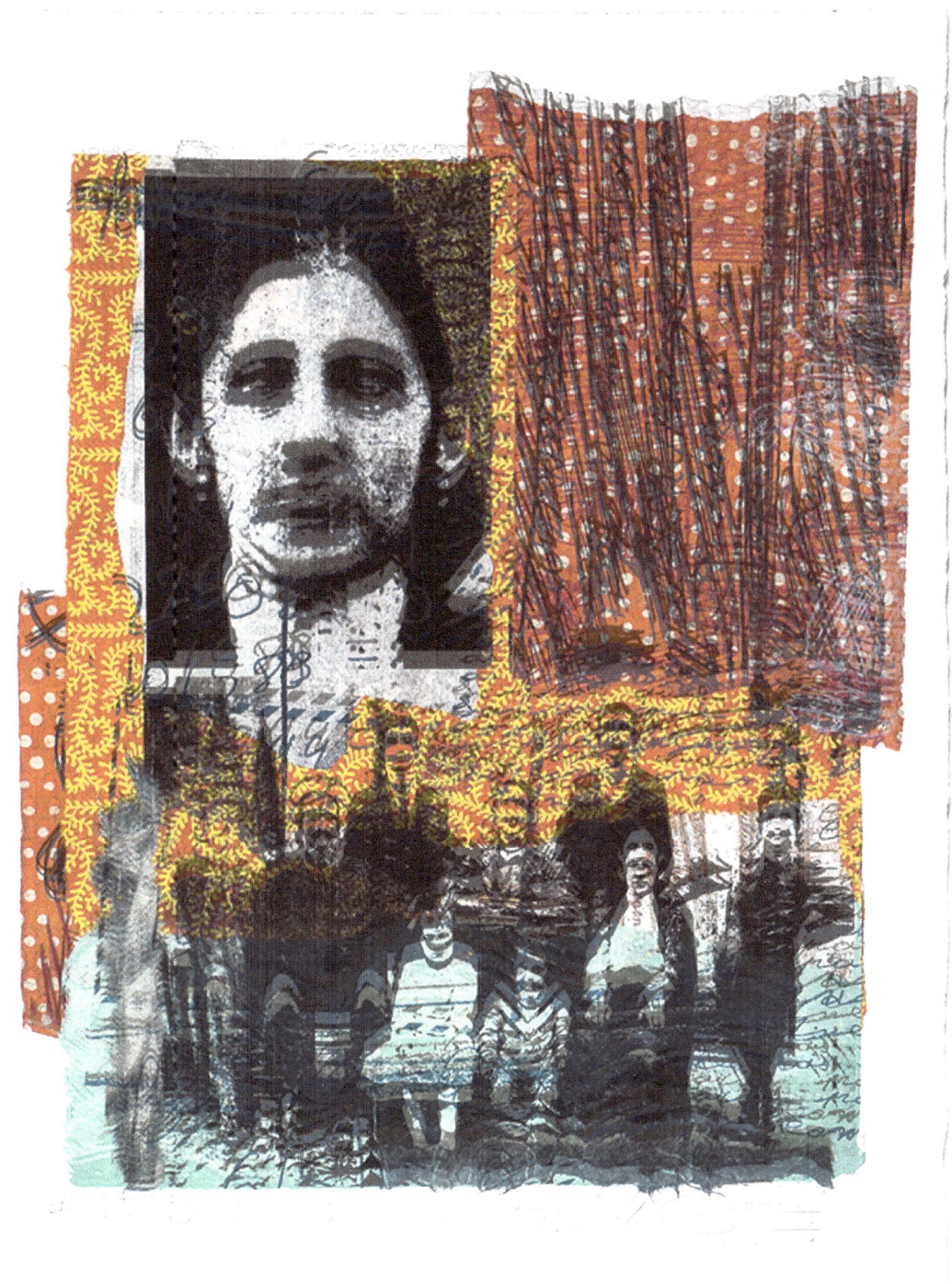

Série cartas de Mar a Mar História de Imigrantes
Litogravura e chine collé rotura a mano
74 x 63 cm
2019

Teresa Stengel

•Projeto Impresso•

Quarantine Seas

Quarantine Seas started with the idea of making a daily observation without falling into sameness, routine, and fear of the unknown.
The sea represents for me a moment of observation, introspective, of internal silence within my busy life.
The fast-paced life, always in daily movements, always the same and always different.
Every day a repetitive movement, a routine that hypnotizes, but dynamic as life, different every day.
The Sea is an infinite in itself, the colors, the lights, the tides, the wind, different at every moment.
Metal engraving and graphic techniques are the basis of all my work. The technique requires a lot of work, time, and patience, it connects me with my silence and I use the techniques in an unorthodox way to create unique pieces.

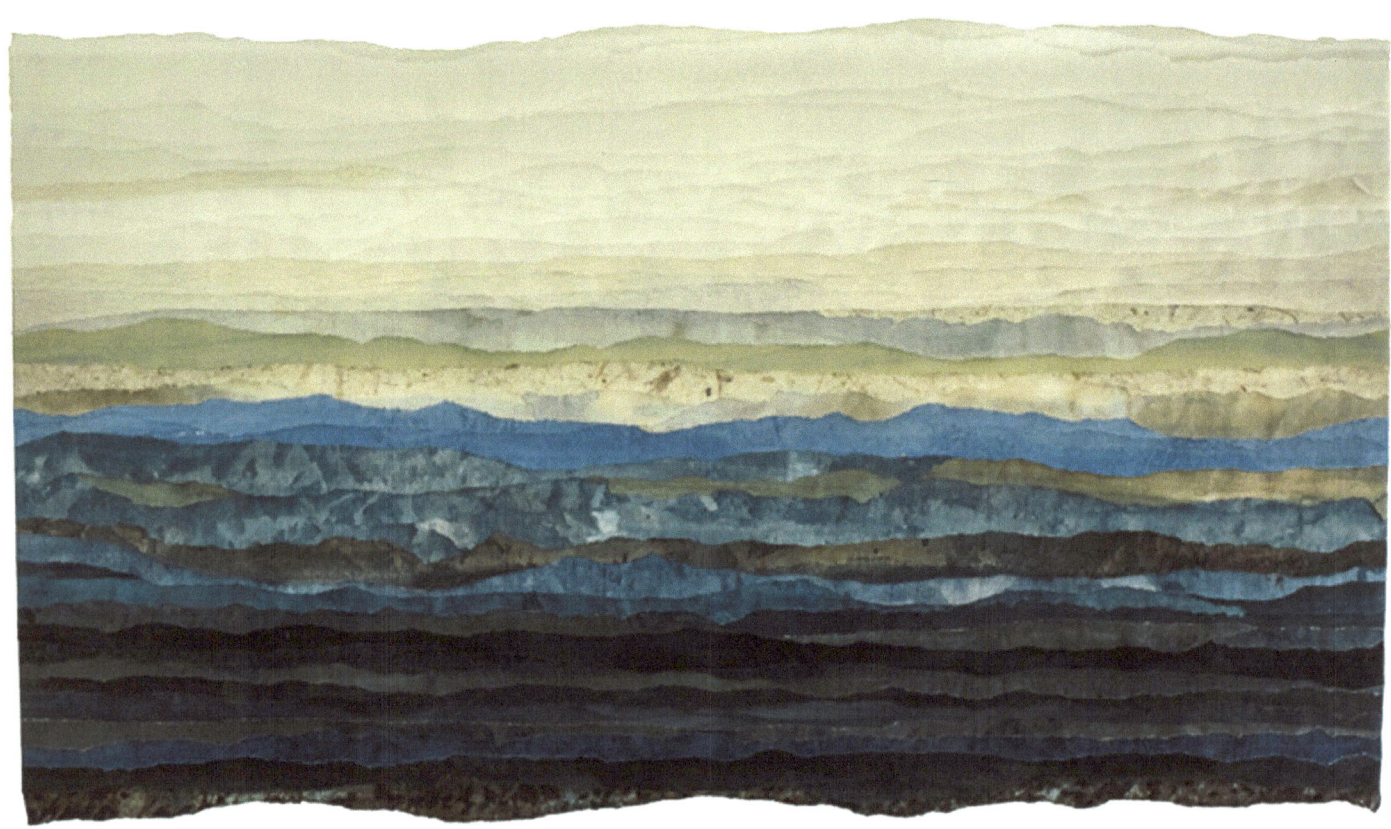

Inquietantes Oscilações
Fotogravura
Photoengraving
104 x 24 cm

•*Projeto Impresso*•

Mares de Quarentena

Mares de Quarentena começou com a ideia de fazer uma observação diária sem cair na mesmice, na rotina e sem medo do desconhecido.
O mar representa pra mim um momento de observação, introspectivo, de silêncio interno dentro da minha vida corrida.
Vida corrida, sempre em movimentos cotidianos, sempre igual e sempre diferente.
A cada dia um movimento repetitivo, uma rotina que hipnotiza, porém dinâmica como a vida, diferente a cada dia.
O Mar é um infinito em si, as cores, as luzes, as marés, o vento, distinto a cada momento.
A gravura em metal e técnicas gráficas são a base de toda minha obra. A técnica requer muito trabalho, tempo e paciência, me conecta com meu silêncio e utilizo as técnicas de forma pouco ortodoxa para criar peças únicas.

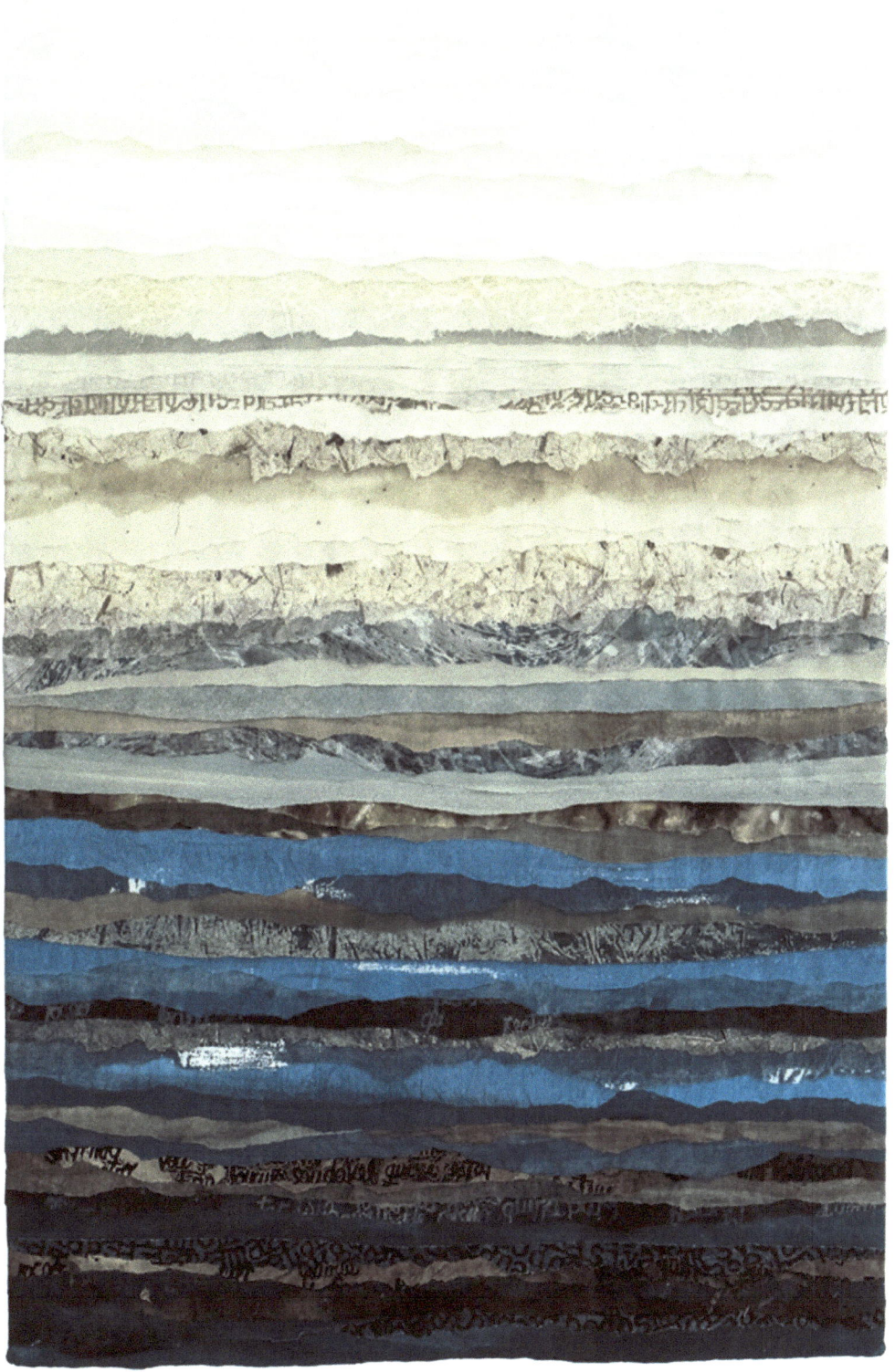

Teresa Stengel

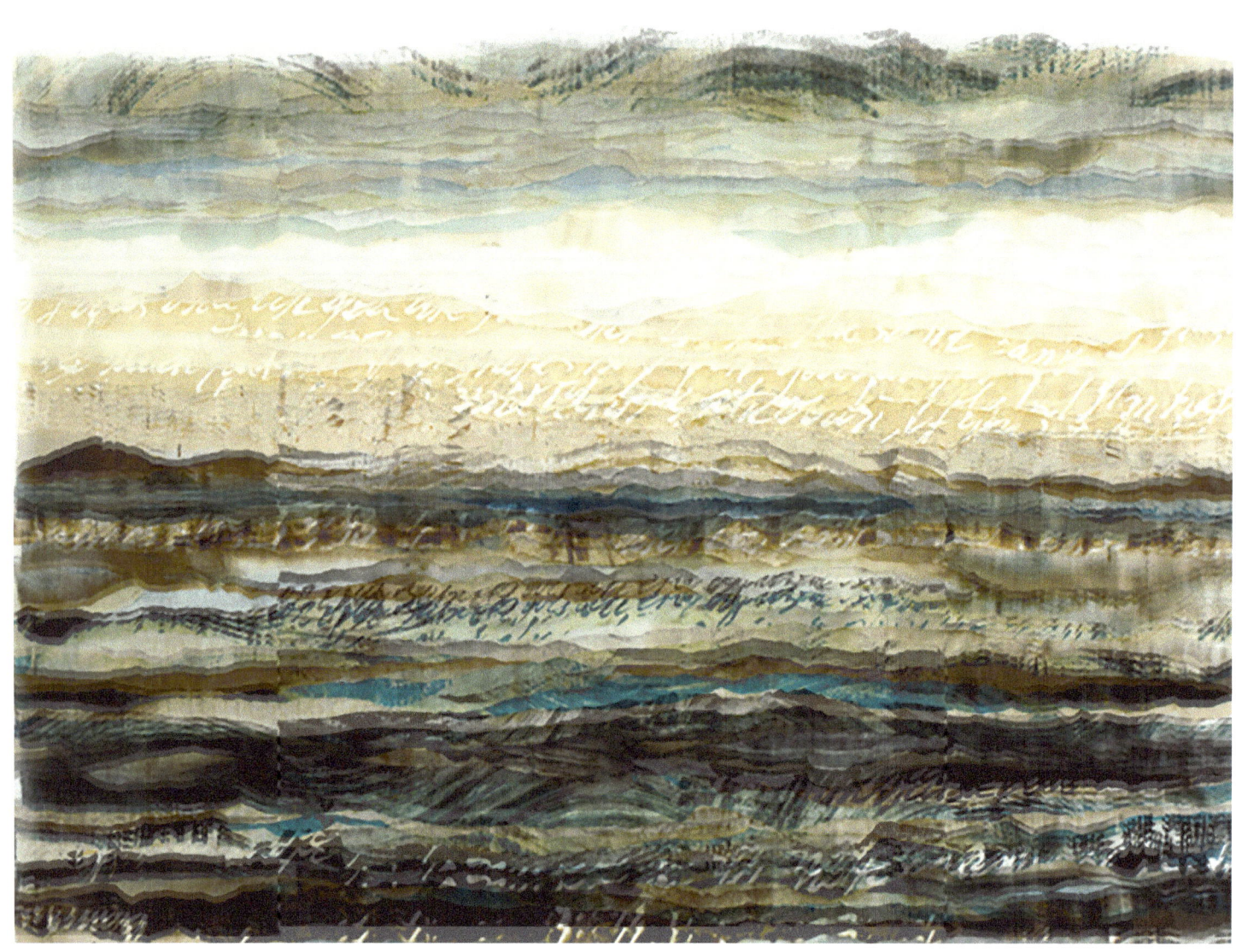

Inquietantes Oscilações parte 1/2/3/4
Fotogravura
Photoengraving
24 x 13 cm

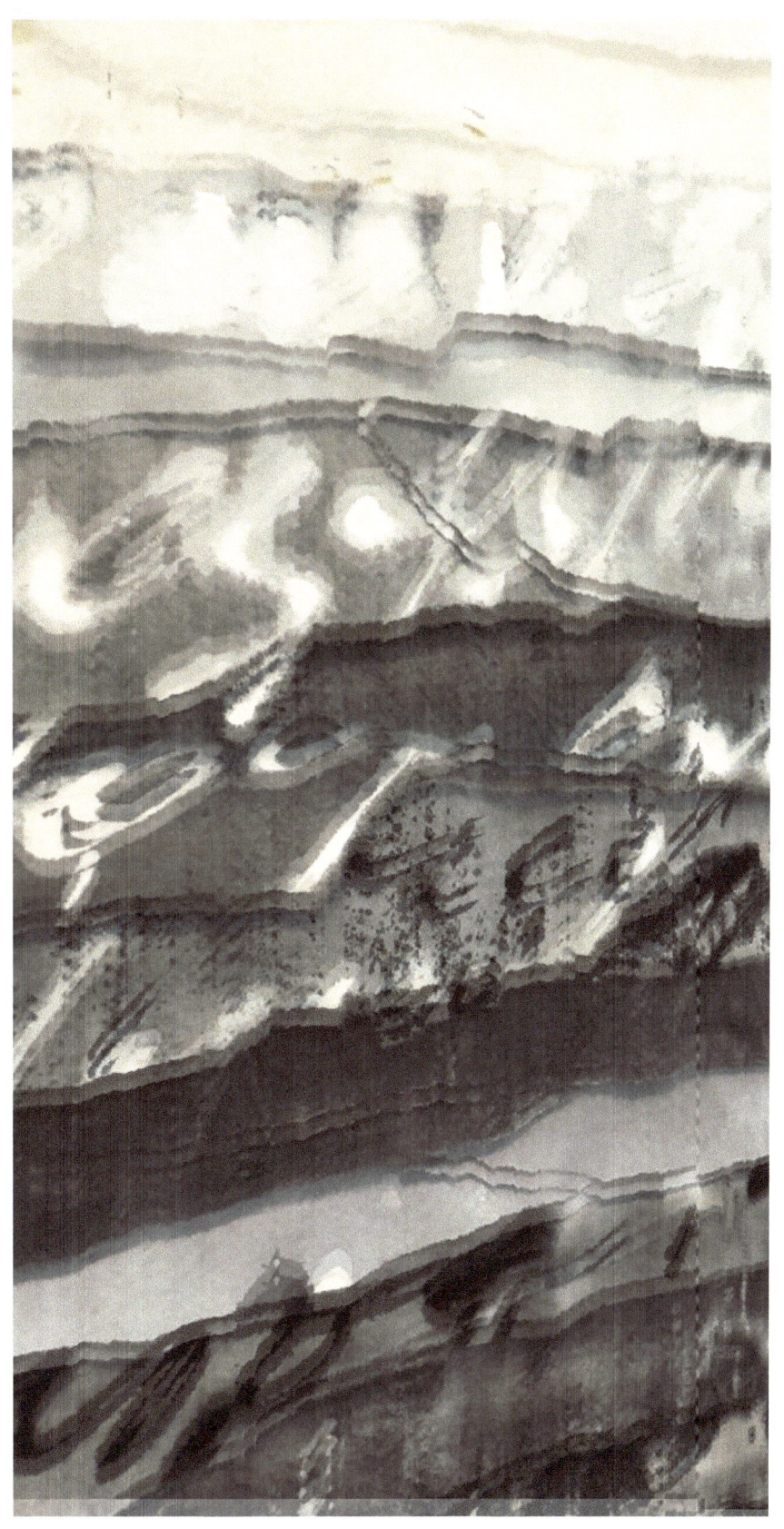

Teresa Stengel

Projeto Impresso

• *Projeto Impresso* •

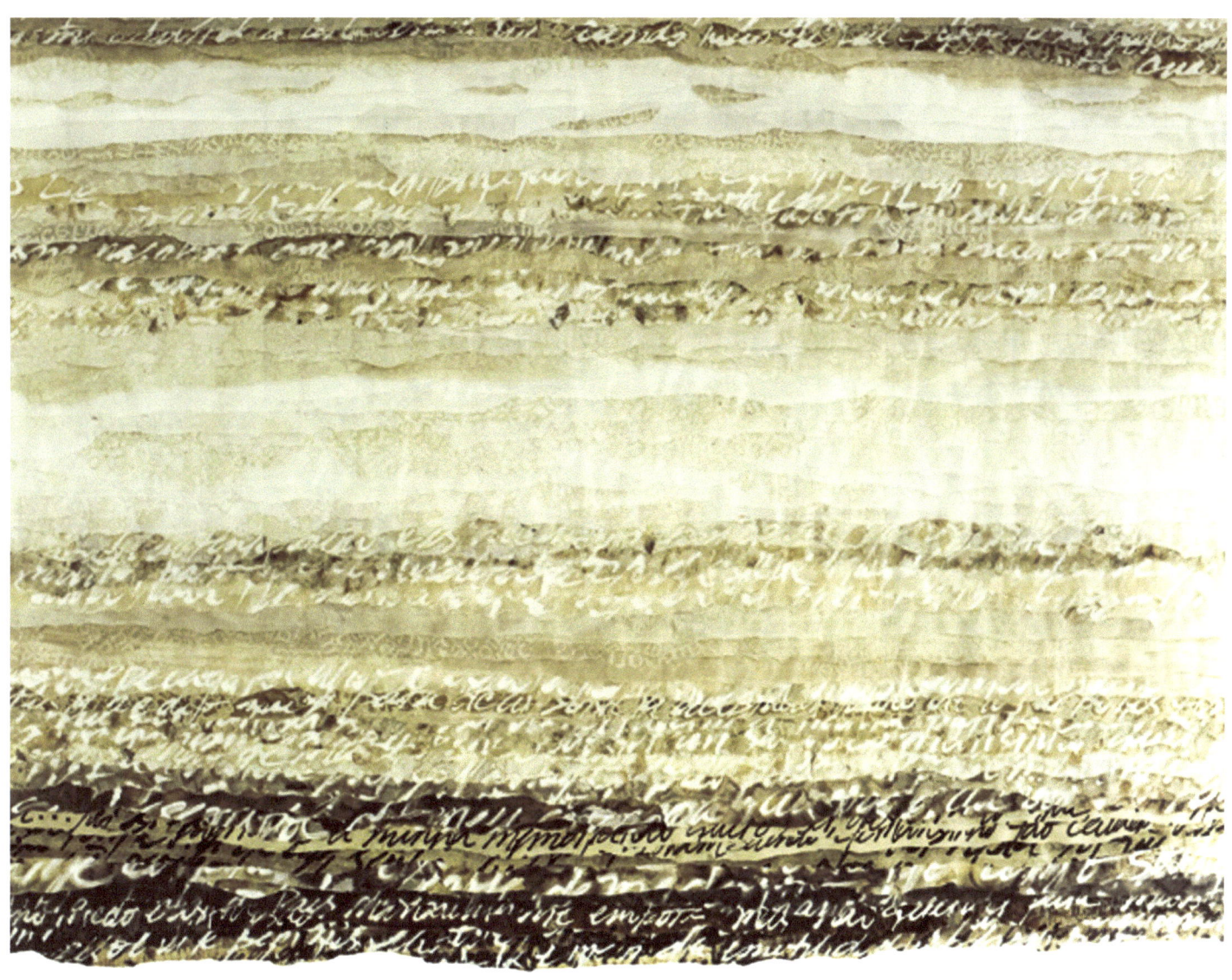

De Mares e Sertão
gravura em metal e monotipia sobre papel japonês
Etching and monotype on Japanese paper
170x120 cm
2019

Exposições/Exhibitions

Projeto Impresso

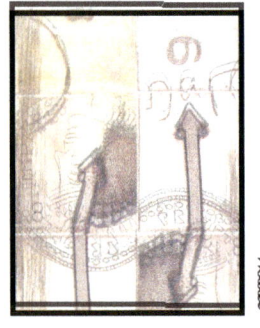
2004

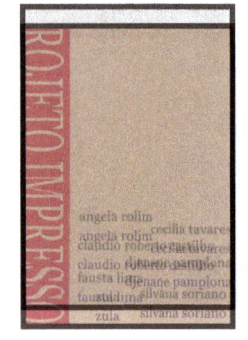
2005

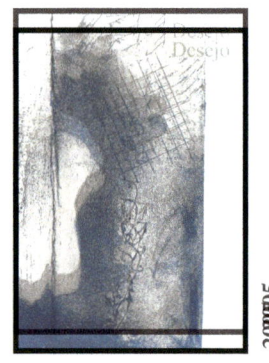
2005

2006

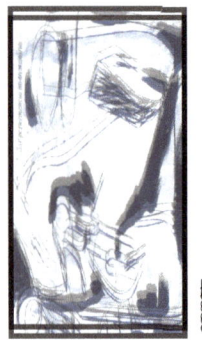
2007

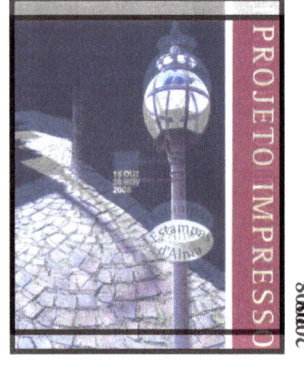
2008

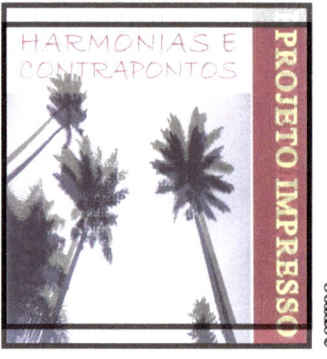
2009

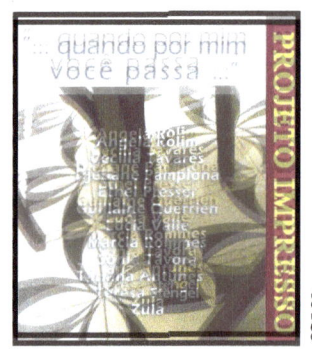
2010

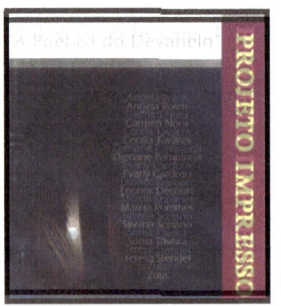
2011

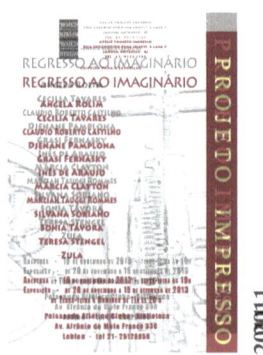
2011

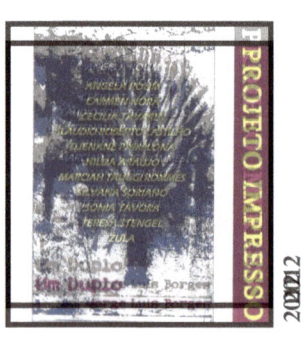
2012

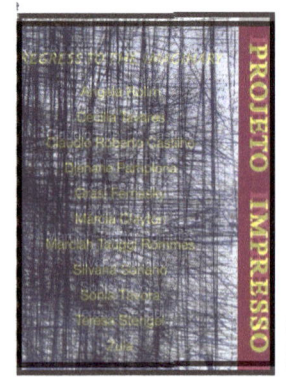
2013

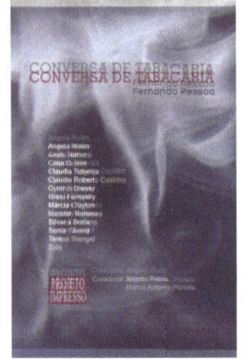
2015

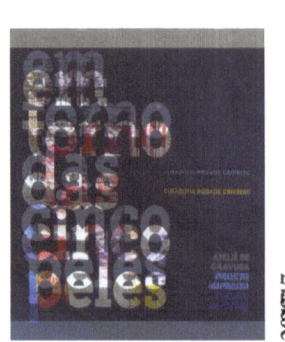
2017

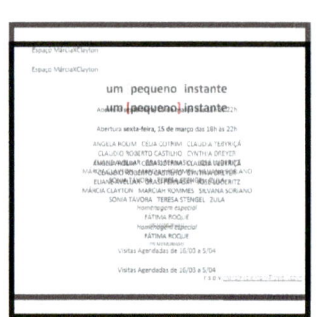
2019

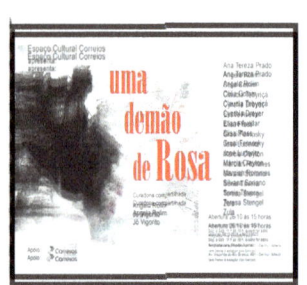
2019

Artists Contatos / Artists Contacts

Projeto Impresso
https://www.instagram.com/projetoimpressoo/

Angela Rolim
angelarolim@yahoo.com
https://www.instagram.com/angelabeatrizrolim/

Bia Sasso
bsasso.cookie@gmail.com
https://www.instagram.com/beatrice_sasso_138/
https://www.facebook.com/pluralistasbhering

Ethel Presser
ethelcot@gmail.com
https://www.instagram.com/ethelcot/

Leonor Décourt
leonordecourt@gmail.com
www.leonordecourt.com
https://www.instagram.com/decourtleonor/

Marcia Rommes
mmrommes@yahoo.com.br
website: http://www.marciarommes.com
https://www.instagram.com/marciarommesart/
Facebook: Marcia Rommes

Nestor Goyanes
nestorgoyanes@yahoo.com.ar
https://www.instagram.com/nestorgoyanes60/
www.arsomnibus.com.ar

Teresa Stengel
mariateresastengel@gmail.com
https://www.instagram.com/mariateresastengel/

Zula
zulaiazul@gmail.com
https://www.instagram.com/zulaartista/

Projeto Impresso

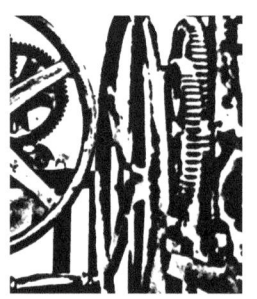

www.ingramcontent.com/pod-product-compliance
Lightning Source LLC
Chambersburg PA
CBHW051922210526
45473CB00006B/2106